以全面深化改革
推进中国式现代化

曲青山　著

人民出版社

出版说明

当前和今后一个时期是以中国式现代化全面推进强国建设、民族复兴伟业的关键时期。面对纷繁复杂的国际国内形势，面对新一轮科技革命和产业变革，面对人民群众新期待，必须自觉把改革摆在更加突出位置，紧紧围绕推进中国式现代化进一步全面深化改革。

中共中央党史和文献研究院院长曲青山同志围绕"全面深化改革"、"中国式现代化"以及党的二十届三中全会精神，撰写了一系列理论文章。这些文章主要阐述了改革开放40多年来我们党和国家经历了怎样一段波澜壮阔的伟大历程，积累了哪些宝贵的经验，提供了什么重要的启示；新时代以来，全面深化改革取得了哪些伟大成就，又有何新要求、新特点；新征程上，如何以进一步全面深化改革推进中国式现代化，以高水平对外开放拓展中国式现代化发展空间；等等。对这些问题的回答，实际上对于我们今天"坚持问题导向"，以强烈的责任意识、使命意识和改革精神，紧扣推进中国式现代化这一主题，直面问题、解决问题、破解难题，有积极的指导意义。

正是基于上述原因，我社特邀曲青山同志选取其近年来发表的一些文章汇集成册，予以出版。我们相信，本书对于读者学习贯彻党的二十届三中全会精神，深刻领悟"两个确立"的决定性意义，深入领会进一步全面深化改革的重大意义，具有重要帮助和启迪作用。

人民出版社

2024 年 8 月

目　录

新征程进一步全面深化改革的
纲领性文件

——深刻领会和把握党的二十届三中全会精神

党的二十届三中全会是在以中国式现代化全面推进强国建设、民族复兴伟业关键时期召开的一次十分重要的会议。全会紧紧围绕推进中国式现代化的主题擘画了进一步全面深化改革的战略举措，充分体现了以习近平同志为核心的党中央完善和发展中国特色社会主义制度、推进国家治理体系和治理能力现代化的历史主动，以进一步全面深化改革开辟中国式现代化广阔前景的坚强决心。党的二十届三中全会精神主要体现在习近平总书记受中央政治局委托所作的工作报告，审议通过的《中共中央关于进一步全面深化改革、推进中国式现代化的决定》（以下简称《决定》）、习近平总书记就《决定（讨论稿）》向全会所作的说明以及在党的二十届三中全会第二次全体会议上所作的重要讲话之中。学习贯彻党的二十届三中全会精神，是当前和今后一个时期全党全国的一项重大政治任务。我们必须把思想统一到党的二十届三中全会精神上来，把行动统一到党的二十届三中全会作出的重大决策部署上来。为帮助广大党员、干部和群众学习掌握党的二十届三中全会精神，本文着重就《决定》的主要内容作简要归纳、梳理和阐释、解读。

深刻领会和把握
进一步全面深化改革的重大意义

进一步全面深化改革有什么重大意义呢？为了更好地说明这个问题，我们需要拉长时间段，用历史的眼光，将整个改革开放的历史作一个关键节点的回望。在改革开放40多年的历史进程中，有这样几个节点令人瞩目、十分重要：1978年党的十一届三中全会开启了改革开放和社会主义现代化建设新时期，这个时期的一个关键词是"改革"；2013年党的十八届三中全会开启了新时代全面深化改革、系统整体设计推进改革新征程，这个时期的一个关键词是"全面深化改革"；刚刚闭幕的党的二十届三中全会将谱写进一步全面深化改革、推进中国式现代化的时代新篇，今后相当长一个时期的一个关键词就是"进一步全面深化改革"。党的这三次三中全会承前启后、继往开来，都是划时代的，都在党的历史和新中国的历史上具有里程碑的意义。党的十一届三中全会以来，通过改革，党和人民的事业大踏步赶上了时代；党的十八大以来，通过全面深化改革，党和国家的事业取得历史性成就、发生历史性变革；党的二十大以来，党团结带领全国各族人民踏上了实现第二个百年奋斗目标的新征程，到 2035 年基本实现社会主义现代化，到本世纪中叶要建成富强民主文明和谐美丽的社会主义现代化强国，毫无疑问，也必须通过进一步全面深化改革来实现所确定的奋斗目标。前景光明，任重道远。历史充分证明，改革开放是党和人民事业大踏步赶上时代的重要法宝，是决定当代中国命运的关键一招，也是决定实现"两个一百年"奋斗目标、实现中华民族伟大复兴的关键一招，是坚持和发展中国特色社会主义的必由之路。实践告诉我们，改革开放只有进行时，没有完成时，必须把改革进行到底！《决定》在论述进一步全面深化改革的重大意义时，提出了"三个面对""六个必然要求"。"三个面对"就是"面对纷繁复杂的国际国内形势，面对新一轮科技革命和产业变革，面对人民群众新期待，必须继续把改革推向前进"。为什么？《决定》深刻分析了当前的时代背景和历史条件，强调了形势催人逼人，如同逆水行舟、不进则退。之后《决定》深刻阐述了"六个必然要求"，深刻回答了必须紧紧围绕推进中国式现代化进一步全面深化改革的问题。《决定》指出，继续把改革推向前进，"是坚持和完善中国特色社会主义制度、推进国家治理体系和治理能力现代化的必然要求，是贯彻新发展理念、更好适应我国社会主要矛盾变化的必然要求，是坚持以人民为中心、让现代化建设成果更多更公平惠及全体人民的必然要求，是应对重大风险挑战、推动党和国家事业行稳致远的必然要求，是推动构建人类命运共同体、在百年变局加速演进中赢得战略主动的必然要求，是深入推进新时代党的建设新的伟大工程、建设更加坚强有力的马克思主义政党的必然要求"。《决定》从制度建设、发展理念、价值立场、风险挑战、大国担当、党的建设等方面多角度阐述和强调了进一步全面深化改革的重要性与必要性。既有政治高度，又有战略高度；既有历史深度，又有世界广度。如果我们对其重大意义再作一个凝练的概括，就是一句话：为全面推进中国式现代化提供强大动力和制度保障。

深刻领会和把握
进一步全面深化改革的指导思想

指导思想就是行动的指南。指导思想犹如一个人的大脑和灵魂。一个政党、一个国家有自己的指导思想，一个重大的行动、一个重要的规划也必须有自己的指导思想。进一步全面深化改革的指导思想是什么？《决定》指出："坚持马克思列宁主义、毛泽东思想、邓小平理论、'三个代表'重要思想、科学发展观，全面贯彻习近平新时代中国特色社会主义思想，深入学习贯彻习近平总书记关于全面深化改革的一系列新思想、新观点、新论断，完整准确全面贯彻新发展理念，坚持稳中求进工作总基调，坚持解放思想、实事求是、与时俱进、求真务实，进一步解放和发展社会生产力、激发和增强社会活力，统筹国内国际两个大局，统筹推进'五位一体'总体布局，协调推进'四个全面'战略布局，以经济体制改革为牵引，以促进社会公平正义、增进人民福祉为出发点和落脚点，更加注重系统集成，更加注重突出重点，更加注重改革实效，推动生产关系和生产力、上层建筑和经济基础、国家治理和社会发展更好相适应，为中国式现代化提供强大动力和制度保障。"这一段话就是进一步全面深化改革的指导思想，它明确了进一步全面深化改革的思想旗帜、前进方向、政治立场、发展理念、总基调、总要求、总体布局、战略布局、工作重点、实践途径等，都是宏观的、管总的、管大的、管根本的东西。在进一步全面深化改革过程中，我们必须牢牢把握好这一指导思想，坚定不移坚持好这一指导思想，任何时候不偏移、不动摇，发挥好指导思想的"定海神针"和"导航仪"的作用。

需要特别指出的是，在改革中要深入学习贯彻习近平总书记关于全面深化改革的一系列新思想、新观点、新论断。党的十八大以来，习近平总书记运用马克思主义的立场观点方法，深刻总结改革的历史经验和新鲜经验，创造性地提出了一系列关于全面深化改革的重要论述。比如，提出"我们的改革是在中国特色社会主义道路上不断前进的改革"，"全面深化改革必须加强和改善党的领导"，"要把全面深化改革作为推进中国式现代化的根本动力"；又如，提出"继续完善和发展中国特色社会主义制度、推进国家治理体系和治理能力现代化"，"以促进社会公平正义、增进人民福祉为出发点和落脚点"；再如，提出"加强顶层设计和整体谋划"，"运用法治思维和法治方式"推进改革；等等。习近平总书记关于全面深化改革的重要论述，深刻回答了为什么改、为谁改、怎么改等重大理论和实践问题，为进一步全面深化改革提供了根本遵循。这也是进一步全面深化改革的灵魂。

深刻领会和把握
进一步全面深化改革的总目标

总目标是行动的目的地。总目标是系统和系列，由众多目标组合和集成。总目标是在实践基础上主观能动预设的，有时间节点，有步骤要求。《决定》指出，进一步全面深化改革的总目标是继续完善和发展中国特色社会主义制度，推进国家治理体系和治理能力现代化。党的十八届三中全会提出的全面深化改革的总目标与党的二十届三中全会提出的进一步全面深化改革的总目标是一脉相承的，本质上是一致的。所不同的是，后者在两处增加了两个副词，一处是在完善和发展中国特色社会主义制度前增加了"继续"两个字，另一处是在全面深化改革前增加了"进一步"三个字。《决定》依据党的十九大谋划和党的二十大重申的从 2020 年全面建成小康社会后到本世纪中叶把我国建成富强民主文明和谐美丽的社会主义现代化强国"两步走"战略安排，与进一步全面深化改革的要求相配合，确定了改革的总目标，这就是：到 2035年，全面建成高水平社会主义市场经济体制，中国特色社会主义制度更加完善，基本实现国家治理体系和治理能力现代化，基本实现社会主义现代化，为到本世纪中叶全面建成社会主义现代化强国奠定坚实基础。为实现总目标，分目标要聚焦七个重点：一是在经济体制改革上，要聚焦构建高水平社会主义市场经济体制；二是在政治体制改革上，要聚焦发展全过程人民民主；三是在文化体制改革上，要聚焦建设社会主义文化强国；四是在社会体制改革上，要聚焦提高人民生活品质；五是在生态文明体制改革上，要聚焦建设美丽中国；六是在国家安全体制改革上，要聚焦建设更高水平平安中国；七是在党的建设制度改革上，要聚焦提高党的领导水平和长期执政能力，继续把改革推向前进。到 2029 年中华人民共和国成立 80 周年时，完成本决定提出的改革任务。总目标是进一步全面深化改革的纲，规定了改革的"路线图""时间表"。

深刻领会和把握
进一步全面深化改革的重大原则

重大原则是方法论，是解决问题的"桥"和"船"。重大原则来自实践，是对实践经验的理论总结，又要再回到实践中去，对实践继续起指导作用。《决定》强调，进一步全面深化改革要总结和运用改革开放以来特别是新时代全面深化改革的宝贵经验，贯彻以下原则：坚持党的全面领导，坚定维护党中央权威和集中统一领导，发挥党总揽全局、协调各方的领导核心作用，把党的领导贯穿改革各方面全过程，确保改革始终沿着正确政治方向前进；坚持以人民为中心，尊重人民主体地位和首创精神，人民有所呼、改革有所应，做到改革为了人民、改革依靠人民、改革成果由人民共享；坚持守正创新，坚持中国特色社会主义不动摇，紧跟时代步伐，顺应实践发展，突出问题导向，在新的起点上推进理论创新、实践创新、制度创新、文化创新以及其他各方面创新；坚持以制度建设为主线，加强顶层设计、总体谋划，破立并举、先立后破，筑牢根本制度，完善基本制度，创新重要制度；坚持全面依法治国，在法治轨道上深化改革、推进中国式现代化，做到改革和法治相统一，重大改革于法有据、及时把改革成果上升为法律制度；坚持系统观念，处理好经济和社会、政府和市场、效率和公平、活力和秩序、发展和安全等重大关系，增强改革系统性、整体性、协同性。《决定》概括总结的进一步全面深化改革要遵循的"六个坚持"原则，是我们党不断深化对改革规律性认识的重大成果，对于增强进一步全面深化改革的科学性、预见性、主动性、创造性，推动改革行稳致远，具有重要指导意义。我们要贯彻好"六个坚持"原则，以坚持党的全面领导为根本保证，以坚持以人民为中心为价值导向，以坚持守正创新为基本原则，以坚持以制度建设为主线为重要要求，以坚持全面依法治国为有效途径，以坚持系统观念为科学方法，不断把改革向纵深推进。

深刻领会和把握
进一步全面深化改革的重大举措

重大举措是解决问题的具体措施和方法。改革任务与重大举措是同质同向的，是一个问题的两个方面，或者说是一枚硬币的正反两面。《决定》对应"五位一体"总体布局的五大建设和国家安全、国防和军队建设等领域，对进一步全面深化改革作出系统部署，提出进一步全面深化经济体制、政治体制、文化体制、社会体制、生态文明体制、国家安全体系体制、国防和军队领域等的改革。总起来讲，就是"5+2"即七个方面或领域的改革。重大举措绘制了进一步全面深化改革的任务清单和"施工图"。

《决定》强调，构建高水平社会主义市场经济体制，健全推动经济高质量发展体制机制，构建支持全面创新体制机制，健全宏观经济治理体系，完善城乡融合发展体制机制，完善高水平对外开放体制机制，健全全过程人民民主制度体系，完善中国特色社会主义法治体系，深化文化体制机制改革，健全保障和改善民生制度体系，深化生态文明体制改革，推进国家安全体系和能力现代化，持续深化国防和军队改革，提高党对进一步全面深化改革、推进中国式现代化的领导水平。

《决定》提出，高水平社会主义市场经济体制是中国式现代化的重要保障。必须更好发挥市场机制作用，创造更加公平、更有活力的市场环境，实现资源配置效率最优化和效益最大化，既"放得活"又"管得住"，更好维护市场秩序、弥补市场失灵，畅通国民经济循环，激发全社会内生动力和创新活力。要毫不动摇巩固和发展公有制经济，毫不动摇鼓励、支持、引导非公有制经济发展，保证各种所有制经济依法平等使用生产要素、公平参与市场竞争、同等受到法律保护，促进各种所有制经济优势互补、共同发展。要构建全国统一大市场，完善市场经济基础制度。

《决定》提出，高质量发展是全面建设社会主义现代化国家的首要任务。必须以新发展理念引领改革，立足新发展阶段，深化供给侧结构性改革，完善推动高质量发展激励约束机制，塑造发展新动能新优势。要健全因地制宜发展新质生产力体制机制，健全促进实体经济和数字经济深度融合制度，完善发展服务业体制机制，健全现代化基础设施建设体制机制，健全提升产业链供应链韧性和安全水平制度。

《决定》提出，教育、科技、人才是中国式现代化的基础性、战略性支撑。必须深入实施科教兴国战略、人才强国战略、创新驱动发展战略，统筹推进教育科技人才体制机制一体改革，健全新型举国体制，提升国家创新体系整体效能。

要深化教育综合改革，深化科技体制改革，深化人才发展体制机制改革。

《决定》提出，科学的宏观调控、有效的政府治理是发挥社会主义市场经济体制优势的内在要求。必须完善宏观调控制度体系，统筹推进财税、金融等重点领域改革，增强宏观政策取向一致性。要完善国家战略规划体系和政策统筹协调机制，深化财税体制改革，深化金融体制改革，完善实施区域协调发展战略机制。

《决定》提出，城乡融合发展是中国式现代化的必然要求。必须统筹新型工业化、新型城镇化和乡村全面振兴，全面提高城乡规划、建设、治理融合水平，促进城乡要素平等交换、双向流动，缩小城乡差别，促进城乡共同繁荣发展。要健全推进新型城镇化体制机制，巩固和完善农村基本经营制度，完善强农惠农富农支持制度，深化土地制度改革。

《决定》提出，开放是中国式现代化的鲜明标识。必须坚持对外开放基本国策，坚持以开放促改革，依托我国超大规模市场优势，在扩大国际合作中提升开放能力，建设更高水平开放型经济新体制。要稳步扩大制度型开放，深化外贸体制改革，深化外商投资和对外投资管理体制改革，优化区域开放布局，完善推进高质量共建"一带一路"机制。

《决定》提出，发展全过程人民民主是中国式现代化的本质要求。必须坚定不移走中国特色社会主义政治发展道路，坚持和完善我国根本政治制度、基本政治制度、重要政治制度，丰富各层级民主形式，把人民当家作主具体、现实体现到国家政治生活和社会生活各方面。要加强人民当家作主制度建设，健全协商民主机制，健全基层民主制度，完善大统战工作格局。

《决定》提出，法治是中国式现代化的重要保障。必须全面贯彻实施宪法，维护宪法权威，协同推进立法、执法、司法、守法各环节改革，健全法律面前人人平等保障机制，弘扬社会主义法治精神，维护社会公平正义，全面推进国家各方面工作法治化。要深化立法领域改革，深入推进依法行政，健全公正执法司法体制机制，完善推进法治社会建设机制，加强涉外法治建设。

《决定》提出，中国式现代化是物质文明和精神文明相协调的现代化。必须增强文化自信，发展社会主义先进文化，弘扬革命文化，传承中华优秀传统文化，加快适应信息技术迅猛发展新形势，培育形成规模宏大的优秀文化人才队伍，激发全民族文化创新创造活力。要完善意识形态工作责任制，优化文化服务和文化产品供给机制，健全网络综合治理体系，构建更有效力的国际传播体系。

《决定》提出，在发展中保障和改善民生是中国式现代化的重大任务。必须坚持尽力而为、量力而行，完善基本公共服务制度体系，加强普惠性、基础性、兜底性民生建设，解决好人民最关心最直接最现实的利益问题，不断满足人民对美好生活的向往。要完善收入分配制度，完善就业优先政策，健全社会保障体系，深化医药卫生体制改革，健全人口发展支持和服务体系。

《决定》提出，中国式现代化是人与自然和谐共生的现代化。必须完善生态文明制度体系，协同推进降碳、减污、扩绿、增长，积极应对气候变化，加快完善落实绿水青山就是金山银山理念的体制机制。要完善生态文明基础体制，健全生态环境治理体系，健全绿色低碳发展机制。

《决定》提出，国家安全是中国式现代化行稳致远的重要基础。必须全面贯彻总体国家安全观，完善维护国家安全体制机制，实现高质量发展和高水平安全良性互动，切实保障国家长治久安。要健全国家安全体系，完善公共安全治理机制，健全社会治理体系，完善涉外国家安全机制。

《决定》提出，国防和军队现代化是中国式现代化的重要组成部分。必须坚持党对人民军队的绝对领导，深入实施改革强军战略，为如期实现建军一百年奋斗目标、基本实现国防和军队现代化提供有力保障。要完善人民军队领导管理体制机制，深化联合作战体系改革，深化跨军地改革。

《决定》强调，中国式现代化是走和平发展道路的现代化。对外工作必须坚定奉行独立自主的和平外交政策，推动构建人类命运共同体，践行全人类共同价值，落实全球发展倡议、全球安全倡议、全球文明倡议，倡导平等有序的世界多极化、普惠包容的经济全球化，深化外事工作机制改革，参与引领全球治理体系改革和建设，坚定维护国家主权、安全、发展利益。这一个方面所强调的内容是要为进一步全面深化改革、推进中国式现代化营造良好的外部环境。

深刻领会和把握
进一步全面深化改革的根本保证

根本保证是成就事业的基础和前提。中国共产党是中国人民的主心骨。中国共产党是中国特色社会主义事业的坚强领导核心。习近平总书记指出："中国特色社会主义最本质的特征是中国共产党领导，中国特色社会主义制度的最大优势是中国共产党领导。"在中国，是中国共产党大力倡导改革、实行改革、推进改革，唯有中国共产党的领导，改革才能取得成功。为了更好地领导改革，中国共产党必须勇于自我革命，不断纵深推进全面从严治党。党的二十届三中全会对加强和改善党的领导特别是坚持党中央的集中统一领导，对进行党的建设制度改革，提出了要求，作出了部署。《决定》强调，党的领导是进一步全面深化改革、推进中国式现代化的根本保证。必须深刻领悟"两个确立"的决定性意义，增强"四个意识"、坚定"四个自信"、做到"两个维护"，保持以党的自我革命引领社会革命的高度自觉，坚持用改革精神和严的标准管党治党，完善党的自我革命制度规范体系，不断推进党的自我净化、自我完善、自我革新、自我提高，确保党始终成为中国特色社会主义事业的坚强领导核心。要坚持党中央对进一步全面深化改革的集中统一领导，深化党的建设制度改革，深入推进党风廉政建设和反腐败斗争，以钉钉子精神抓好改革落实。

《决定》的最后，党的二十届三中全会向全党全军全国各族人民发出伟大号召，号召全党全军全国各族人民要更加紧密地团结在以习近平同志为核心的党中央周围，高举改革开放旗帜，凝心聚力、奋发进取，为全面建成社会主义现代化强国、实现第二个百年奋斗目标，以中国式现代化全面推进中华民族伟大复兴而努力奋斗。

宏伟蓝图已经绘就，行动纲领也已制定，乘着党的二十届三中全会劲吹的东风，光明的前景一定可期！

（原载《中国纪检监察报》2024 年 7 月 25 日）

新时代全面深化改革的重大成就

　　党的十八大以来，中国特色社会主义进入新时代。新时代全面深化改革，既是改革开放和社会主义现代化建设新时期改革的继续，又是改革在新时代的重新开启。党的二十届三中全会通过的《中共中央关于进一步全面深化改革、推进中国式现代化的决定》指出："党的十一届三中全会是划时代的，开启了改革开放和社会主义现代化建设新时期。党的十八届三中全会也是划时代的，开启了新时代全面深化改革、系统整体设计推进改革新征程，开创了我国改革开放全新局面。"正确认识和科学把握新时代全面深化改革的重大成就，对于全党全国人民深入学习贯彻党的二十届三中全会精神，统一思想、提高认识，坚定信心、鼓舞斗志，具有重要意义。

　　党的十八大在确定全面建成小康社会宏伟目标的同时，

明确提出了全面深化改革的战略部署。党的十八届三中全会正式拉开了新时代全面深化改革的大幕。党的十八届三中全会对改革作出全面战略部署，确定了全面深化改革的总目标、战略重点、优先顺序、主攻方向、工作机制、推进方式和时间表、路线图。改革总目标之明确、内容之全面系统、力度之大、影响之广泛前所未有。

习近平总书记亲自谋划、亲自领导改革工作。党的十八大以来，从中央全面深化改革领导小组到中央全面深化改革委员会，习近平总书记主持召开72次重要会议，统一思想认识、进行工作部署、审议重大改革方案、分析改革形势、推动改革落实，为全面深化改革提供了坚强有力的领导保障。在党中央坚强领导下，经过全党全军全国各族人民共同努力，党的十八届三中全会确定的改革任务总体完成。新时代全面深化改革砥砺前行、攻坚克难，解决了许多长期想解决而没有解决的难题，办成了许多过去想办而没有办成的大事。新时代全面深化改革是全方位、深层次、根本性的，取得的成就是历史性、革命性、开创性的。

新时代全面深化改革在经济建设领域取得重大成就

新时代经济体制改革，紧紧围绕使市场在资源配置中起决定性作用，更好发挥政府作用深化改革，坚持和完善基本经济制度，加快完善现代市场体系、宏观调控体系、开放型经济体系，加快转变经济发展方式，加快建设创新型国家，推动经济更高质量、更有效率、更加公平、更可持续、更为安全发展。我们毫不动摇巩固和发展公有制经济，推动国有经济布局优化和结构调整；毫不动摇鼓励、支持、引导非公有制经济发展，构建亲清政商关系。坚持按劳分配为主体、多种分配方式并存，完善按要素分配的体制机制，中等收入群体规模不断扩大。加快完善社会主义市场经济体制，产权保护、公平竞争等基础制度不断改进，信用体系建设稳步推进，市场化法治化国际化营商环境日臻完善。市场准入负面清单制度全面实施，反垄断和防止资本无序扩张不断强化，高标准市场体系建设稳步推进，全国统一大市场规模效应持续显现。经济体制改革有力推动我国经济高质量发展。从

2012 年至 2023 年，我国经济增速在世界主要经济体中位居前列，是世界经济增长的最大贡献国；国内生产总值从 51.9 万亿元增至 126.1 万亿元；科技自立自强成果持续涌现，新技术新业态新模式蓬勃发展，城乡融合发展体制机制不断健全；京津冀协同发展、长江经济带发展、粤港澳大湾区建设、长三角一体化发展、黄河流域生态保护和高质量发展等区域重大战略和区域协调发展战略深入推进。经济体制改革进一步激发市场活力。截至 2023 年底，各类经营市场主体数量超过 1.84 亿户，其中个体工商户突破 1.24 亿户，发展活力竞相迸发、充分涌流。实施更加积极主动的开放战略，全方位高水平开放型经济加快形成。共建"一带一路"深入人心、成果丰硕，中欧班列持续发挥国际铁路联运独特优势。外商投资准入前国民待遇加负面清单管理制度全面实行，面向全球的贸易、投融资、生产、服务网络加快构建，规则、规制、管理、标准等制度型开放加快推进，22 个自由贸易试验区和海南自由贸易港建设蓬勃展开。目前，我国已成为世界货物贸易第一大国、服务贸易第二大国、使用外资第二大国、对外投资第一大国，是近 200 个经济体的主要贸易伙伴，全方位、多层次、宽领域的全面开放新格局加速形成。通过新时代全面深化改革，我国经济发展平衡性、协调性、可持续性明显增强，国家经济实力、科技实力、综合国力跃上新台阶。

新时代全面深化改革在政治建设领域取得重大成就

新时代政治体制改革，紧紧围绕坚持党的领导、人民当家作主、依法治国有机统一深化改革，加快推进社会主义民主政治制度化、规范化、程序化，建设社会主义法治国家，发展更加广泛、更加充分、更加健全的人民民主。我们加强和维护党中央权威和集中统一领导，积极发展全过程人民民主，健全全面、广泛、有机衔接的人民当家作主制度体系，构建多样、畅通、有序的民主渠道，丰富民主形式，从各层次各领域扩大人民有序政治参与，使各方面制度和国家治理更好体现人民意志、保障人民权益、激发人民创造，坚持中国特色社会主义法治道路，推动社会主义民主政治稳步发展。通过新时代全面深化改革，中国特色社会主义政治制度优越性得到更好发挥，生动活泼、安定团结的政治局面得到巩固和发展。中国特色社会主义政治法治体系不断健全，法治中国建设迈出坚实步伐，政治法治固根本、稳预期、利长远的保障作用进一步发挥，党运用法治方式领导和治理国家的能力显著增强。

新时代全面深化改革在文化建设领域
取得重大成就

新时代文化体制改革，紧紧围绕建设社会主义核心价值体系、社会主义文化强国深化改革，加快完善文化管理体制和文化生产经营体制，建立健全现代公共文化服务体系、现代文化市场体系，推动社会主义文化大发展大繁荣。我们确立和坚持马克思主义在意识形态领域指导地位的根本制度，健全意识形态工作责任制，推动全党动手抓宣传思想工作。推动用党的创新理论武装全党、教育人民、指导实践。高度重视传播手段建设和创新，推动媒体融合发展，健全互联网领导和管理体制，坚持依法管网治网。坚持以社会主义核心价值观引领文化建设，广泛开展中国特色社会主义和中国梦宣传教育，推动理想信念教育常态化制度化，完善思想政治工作体系。推进文化事业和文化产业全面发展，完善公共文化服务体系，加大文化遗产保护力度，加快国际传播能力建设。通过新时代全面深化改革，我国意识形态领域形势发生全局性、根本性转变，全党全国各族人民文化自信明显增强，全社会凝聚力和向心力极大提升，为新时代开创党和国家事业新局面提供了坚强思想保证和强大精神力量。

新时代全面深化改革在社会建设领域取得重大成就

新时代社会体制改革，紧紧围绕更好保障和改善民生、促进社会公平正义深化改革，改革收入分配制度，促进共同富裕，推进社会领域制度创新，推进基本公共服务均等化，加快形成科学有效的社会治理体制，确保社会既充满活力又和谐有序。我们打赢脱贫攻坚战，历史性地解决了绝对贫困问题，全面建成小康社会目标如期实现。在收入分配、就业、教育、社会保障、养老托育、医疗卫生、住房保障等领域推出一系列重大改革举措，在幼有所育、学有所教、劳有所得、病有所医、老有所养、住有所居、弱有所扶上取得长足进展，建成世界上规模最大的社会保障体系。我们完善社会治理体系，健全党组织领导的自治、法治、德治相结合的城乡基层治理体系，建设共建共治共享的社会治理制度。通过新时代全面深化改革，我国社会建设全面加强，人民生活全方位改善，社会治理社会化、法治化、智能化、专业化水平大幅度提升，发展了人民安居乐业、社会安定有序的良好局面，续写了社会长期稳定奇迹。

新时代全面深化改革在生态文明建设领域取得重大成就

新时代生态文明体制改革，紧紧围绕建设美丽中国深化改革，加快建设生态文明制度，健全国土空间开发、资源节约利用、生态环境保护的体制机制，推动形成人与自然和谐发展现代化建设新格局。我们深入贯彻绿水青山就是金山银山的理念，完善大气、水、土壤污染防治机制，着力打赢污染防治攻坚战，统筹推进山水林田湖草沙一体化保护和系统治理，环境质量总体改善。我们建立源头严防、过程严管、损害赔偿、后果严惩等生态文明基础性制度框架，加大生态系统保护和修复力度，推动形成节约资源和保护环境的空间格局、产业结构、生产方式、生活方式。建立并实施中央生态环境保护督察制度。积极参与全球环境与气候治理，作出力争 2030 年前实现碳达峰、2060 年前实现碳中和的庄严承诺，体现了负责任大国的担当。通过新时代全面深化改革，美丽中国建设迈出重大步伐，全党全国推动绿色发展的自觉性和主动性显著增强，我国生态环境保护发生历史性、转折性、全局性变化。

新时代全面深化改革在国家安全建设领域取得重大成就

新时代国家安全领域改革，紧紧围绕推进国家安全体系和能力建设深化改革。我们坚持总体国家安全观，设立中央国家安全委员会，完善集中统一、高效权威的国家安全领导体制，完善国家安全法治体系、战略体系和政策体系，建立国家安全工作协调机制和应急管理机制。党把安全发展贯穿国家发展各领域全过程，严密防范和严厉打击敌对势力渗透、破坏、颠覆、分裂活动，顶住和反击外部极端打压遏制，开展涉港、涉台、涉疆、涉藏、涉海等斗争，有效维护国家安全。通过新时代全面深化改革，国家安全得到全面加强，经受住了来自政治、经济、意识形态、自然界等方面的风险挑战考验，为党和国家兴旺发达、长治久安提供了有力保证。

新时代全面深化改革在国防和军队建设领域取得重大成就

新时代国防和军队改革，紧紧围绕建设同我国国际地位相称、同国家安全和发展利益相适应的巩固国防和强大人民军队深化改革，坚持新时代军事战略方针，落实新时代强军目标。我们毫不动摇坚持党对人民军队绝对领导的根本原则和制度，坚持人民军队最高领导权和指挥权属于党中央和中央军委，全面深入贯彻落实军委主席负责制。重构人民军队领导指挥体制、现代军事力量体系、军事政策制度，形成军委管总、战区主战、军种主建新格局。通过新时代全面深化改革，人民军队实现整体性革命性重塑，重整行装再出发，国防实力和经济实力同步提升，一体化国家战略体系和能力加快构建。人民军队坚决履行新时代使命任务，以顽强斗争精神和实际行动捍卫了国家主权、安全、发展利益。

新时代全面深化改革在党的建设制度领域取得重大成就

新时代党的建设制度改革，紧紧围绕提高科学执政、民主执政、依法执政水平深化改革，加强民主集中制建设，完善党的领导体制和执政方式，保持党的先进性和纯洁性，为改革开放和社会主义现代化建设提供坚强政治保证。党健全党的领导制度体系，建立健全党对重大工作的领导体制机制，强化党中央决策议事协调机构职能作用，完善推动党中央重大决策落实机制，严格执行向党中央请示报告制度，强化政治监督，深化政治巡视。制定和落实中央八项规定，持之以恒纠治"四风"。坚持思想建党和制度治党同向发力，树立正确用人导向，纠正选人用人上的不正之风。坚持纪严于法、执纪执法贯通，用好监督执纪"四种形态"。形成比较完善的党内法规体系，严格制度执行。党领导完善党和国家监督体系，推动设立国家监察委员会和地方各级监察委员会，构建巡视巡察上下联动格局，构建以党内监督为主导、各类监督贯通协调的机制，加强对权力运行的制约和监督。通过新时代全面深化改革，党的领导制度体系不断完善，党的自我净化、自我完善、自我革新、自我提高能力显著增强，管党治党宽松软状况得到根本扭转，反腐败斗争取得压倒性胜利并全面巩固，全面从严治党的政治引领和保障作用充分发挥，党在革命性锻造中更加坚强。

（原载《〈中共中央关于进一步全面深化改革、推进中国式现代化的决定〉辅导读本》，人民出版社 2024 年版）

建设金融强国的强大思想武器

新年伊始，习近平总书记在省部级主要领导干部推动金融高质量发展专题研讨班开班式上的重要讲话，以推动金融高质量发展为主题，为全党高级干部讲授了第一课。这是一篇政治性、思想性、针对性、指导性都很强的马克思主义金融理论的光辉文献，需要反复研读学习、深入理解领会。

深化对金融工作在党和国家事业全局中重要地位和作用的认识

习近平总书记继 2023 年中央金融工作会议之后，在短短三个月之内再一次专题阐述金融问题，充分体现了对金融工作的高度重视，蕴含着治国理政的深厚政治智慧和深远战略考量。对于金融作为"国之大者"的重要地位，可以从四个方面来认识。

从新时代新征程党的中心任务来看，金融事关中国式现代化全局。新时代新征程党的中心任务是以中国式现代化全面推进中华民族伟大复兴，这是党的二十大作出的重大决定。党的二十大后，中央举办了新进中央委员会的委员、候补委员和省部级主要领导干部学习贯彻习近平新时代中国特色社会主义思想和党的二十大精神研讨班，习近平总书记在开班式上的重要讲话聚焦的主题就是"中国式现代化"。在这次研讨班开班式上，习近平总书记的重要讲话则是着重围绕"中国式现代化的金融问题"而展开的。为什么要讲金融问题呢？因为金融是现代经济的核心，是国民经济的血脉，建设金融强国是建设社会主义现代化强国的战略任务和必然要求。做不好金融工作，没有金融的高质量发展，就没有整个经济社会的高质量发展，就不可能顺利实现中国式现代化。只有坚定不移走中国特色金融发展之路、推动我国金融高质量发展，才能为实现新时代新征程党的中心任务提供强有力的金融支撑。

从百年大变局的国际形势来看，金融是大国博弈的必争之地。金融是国家重要的核心竞争力，金融改革发展是国家改革发展的重要内容，金融安全是国家安全的重要组成部分。历史上，大国崛起都离不开强大金融体系的关键支撑。当今世界，金融之战的烈度和影响程度，甚至超过武装冲突和科技之争。而且，在武装冲突和科技之争背后，金融制裁的手段都发挥着重要作用。我国现已成为金融大国，但还不是金融强国。只有加快建设金融强国，不断提高我国在国际金融中的竞争力和话语权，才能掌握大国博弈的主动权。

从国内经济形势来看，防范化解金融风险仍任重道远。金融既十分重要，也极易产生风险。当前和今后一个时期，我国金融领域处在风险易发高发期。在 2017 年全国金融工作会议、2023 年中央金融工作会议和这一次研讨班开班式上的重要讲话中，习近平总书记都突出强调了防范化解金融风险问题。改革开放 40 多年来，我国没有发生过金融危机，这在世界大国中是独一无二的。但是，这并不表明一切都风平浪静。20 世纪 90 年代我们出现过金融"三乱"现象，几家大银行事实上陷入过技术性困境。当前，中小金融机构风险、地方债务风险、房地产领域金融风险、非法金融活动风险等尤为突出，风险持续恶化，存量风险尚未见底，增量风险仍在集聚，而且金融风险的隐蔽性、突发性、传染性、破坏性特别强，处理不善极易引发社会风险、政治风险，决不能掉以轻心。只有增强忧患意识，坚持底线思维、极限思维，下决心从根本上解决金融领域的矛盾问题，牢牢守住不发生系统性金融风险的底线，才能确保国家安全和社会稳定。

从干部队伍状况来看，提高金融工作本领、加强金融监督管理极为紧迫。金融领域权力集中、资金密集、资源富集，既是"国之重器"，也是腐败问题易发高发频发的重灾区。做好金融工作，要求各级领导干部特别是金融干部队伍必须政治过硬、能力过硬、作风过硬。当前金融领域的种种问题乱象很多是人为因素造成的。不少领导干部对金融工作知之不多、知之不深，存在比较严重的"本领恐慌"。特别是一些人政绩观扭曲，缺乏金融工作常识，违背金融市场规律，"拍脑袋决策、拍胸脯蛮干、拍屁股走人"，肆意乱为、胡作非为，造成了不可挽回的重大损失。更有甚者，一些人胆大妄为，靠金融吃金融，内外勾结、滥权敛财、贪婪无度。可见，提高领导干部金融工作本领，加大金融领域反腐败力度，是当前金融干部队伍建设的当务之急。

深化对我们党探索
中国特色金融发展之路历史进程的认识

我们党历来高度重视金融工作，不断深化对金融工作的认识，不懈探索符合我国实际的金融发展道路。

新民主主义革命时期。毛泽东非常重视金融工作，领导我们党早在苏维埃时期就发行了货币、设立了国家银行。延安时期，毛泽东将"调整金融关系"明确写入《陕甘宁边区施政纲领》，他还强调："认识贸易、金融、财政是组织全部经济生活的重要环节，离了它们，或对它们采取了错误方针，全部经济生活就会停滞，或受到障碍。"我们党在抗日根据地和解放区陆续建立起有效的货币金融体系，有力地支持了根据地建设和武装斗争。但这一时期我们党主要在农村地区活动，对城市金融工作总体上还很不熟悉。

社会主义革命和建设时期。我们党在新中国成立伊始就相继打赢了"银元之战""米棉之战"，迅速稳定了新中国经济秩序。此后，我们成功进行货币改革，建立了适应当时经济体制的银行体系，我国金融事业有了很大发展。但在高度集中的计划经济体制下，国家银行的主要职能是出纳和会计，还不是真正的银行，金融难以在资源配置中发挥真正的作用，难以使有限资源得到充分利用。

改革开放和社会主义现代化建设新时期。我们党对金融的重要作用认识更加深入。邓小平指出，"金融搞好了，一着棋活，全盘皆活"，要求"金融改革的步子要迈大一些"。我们初步建立了中央银行体制和以银行、证券、保险为主体的金融体系，为发展社会主义市场经济发挥了重要作用。随着改革开放的深入，我国金融事业迎来了重大机遇，但同时也遇到了新的挑战。在新形势下，我们党高度重视推进金融改革发展、保障金融安全，深入研究一系列重大金融问题，不仅成功抵御了1997年亚洲金融危机、2008年国际金融危机两次大的冲击，而且促进了国民经济持续快速健康发展。

中国特色社会主义新时代。党的十八大以来，以习近平同志为核心的党中央把马克思主义金融理论同当代中国具体实际相结合、同中华优秀传统文化相结合，持续推进我国金融事业实践创新、理论创新、制度创新，奋力开拓中国特色金融发展之路。在党中央集中统一领导下，我们坚决打好防范化解金融风险攻坚战，金融系统有力支撑经济社会发展大局，为推动我国经济高质量发展提供了源头活水，为如期全面建成小康社会、有效应对新冠疫情等突发因素冲击、妥善应对美西方国家大搞"脱钩断链"等种种逆流，作出了重要贡献。

历史和实践充分证明，中国特色金融发展之路是一条前无古人的开拓创新之路，也是一条自信自立之路、行稳致远之路、长治久安之路。它不是从天上掉下来的，也不是从书本上抄下来的，而是我们党领导人民在长期艰辛探索的实践中开创出来的。这条路来之不易，这条路行得通、走得稳，符合中国国情、适应中国实际、顺应时代潮流，必须坚定不移地走下去。

深化对习近平总书记关于金融工作重要论述的认识

党的十八大以来，习近平总书记关于金融工作作出过一系列重要论述，系统阐述了中国特色金融发展之路的基本内容。学习习近平总书记在这次研讨班开班式上的重要讲话，使我们进一步深化了对习近平总书记关于金融工作重要论述的核心要义、精神实质和主要内容的认识。

坚持党中央对金融工作的集中统一领导。加强党中央对金融工作的集中统一领导，是做好金融工作的根本保证。这是走好中国特色金融发展之路的首要问题，也是最关键、最核心的问题。做好金融工作，必须进一步深刻领悟"两个确立"的决定性意义，坚决做到"两个维护"。

坚持以人民为中心的价值取向。我们党的性质宗旨和国家政权的性质职能，决定了我国的金融事业是为了人民、造福人民的事业，与美国等西方国家的金融是为资本服务、为少数有钱人服务的本质截然不同。做好金融工作，必须站稳人民立场，增强服务的多样性、普惠性、可及性，更好保护金融消费者权益。

坚持把金融服务实体经济作为根本宗旨。为实体经济服务是金融的天职，是金融的宗旨，也是防范金融风险的根本举措。做好金融工作，必须回归本源，坚持把为实体经济服务作为出发点和落脚点，在支持实体经济做实做强做优中实现金融自身高质量发展。

坚持把防控风险作为金融工作的永恒主题。维护金融安全，是关系我国经济社会发展全局的一件带有战略性、根本性的大事；防范化解金融风险，是金融工作的根本性任务。做好金融工作，必须坚持把防控风险作为金融工作的永恒主题，牢牢守住不发生系统性金融风险的底线。

坚持在市场化法治化轨道上推进金融创新发展。金融的安全靠制度、活力在市场、秩序靠法治。做好金融工作，必须有健全的监管制度，建立完善的金融法律和市场规则体系，有禁必止、违法必究，保障金融市场健康运行。

坚持深化金融供给侧结构性改革。完整、准确、全面贯彻新发展理念，以深化金融供给侧结构性改革为主线，加快建设中国特色现代金融体系。做好金融工作，必须着力打造现代金融调控体系、市场体系、机构体系、监管体系、产品和服务体系、基础设施体系，为实体经济发展提供更高质量、更有效率的金融服务。

坚持统筹金融开放和安全。要着力推进金融高水平开放，确保国家金融和经济安全。做好金融工作，必须把握好开放的节奏和力度，切实提升金融监管能力，以更高水平风险防控保障更高水平金融开放。

坚持稳中求进工作总基调。坚持稳中求进、以进促稳、先立后破。做好金融工作，必须稳字当头，宏观调控、金融发展、金融改革、金融监管、风险处置等都要稳，金融政策的收和放不能太急，防止大起大落。同时，要积极进取，把该立的抓紧立起来，在稳住阵脚、稳住基本态势中不断解决问题、不断前进。

中国特色金融发展之路必须以加快建设金融强国为目标，以推动金融高质量发展为主题，培育和弘扬中国特色金融文化，建设金融强国，锚定三个目标：未来五年，基本建成中国特色现代金融体系的总体框架；到 2035 年，基本建成中国特色现代金融体系；到本世纪中叶，建成现代化金融强国。

习近平总书记关于金融工作的重要论述，既有世界观，又有方法论；既部署"过河"的任务，又指导解决"桥或船"的问题，科学回答了新时代新征程金融工作怎么看、怎么干等一系列重大理论和实践问题。这是对我们党领导金融工作历史和实践经验的深刻总结，是对马克思主义金融理论的丰富和发展，是习近平经济思想的金融篇，把我们党对金融本质规律和发展道路的认识提升到前所未有的新高度，为走好中国特色金融发展之路、加快建设金融强国提供了根本遵循和行动指南，我们必须完整准确全面学习把握、不折不扣贯彻落实。

深化对立足本职、
服务全党金融工作大局责任的认识

做好金融工作，不仅是金融部门和金融系统的责任，也是全党全社会的共同责任。中共中央党史和文献研究院作为党的历史和理论研究专门机构，将牢记职责使命、聚焦主责主业，找准服务全党金融工作大局的结合点和着力点，重点抓好三个方面的工作。

抓好习近平总书记重要著作的编辑出版。做好金融工作，首先要学习好习近平经济思想尤其是习近平总书记关于金融工作的重要论述，这就需要系统权威的教材。编辑出版习近平总书记重要著作，正是中共中央党史和文献研究院的首要工作职责。我们将编辑好出版好习近平总书记关于金融工作重要论述的著作，为全党全社会提供权威教材。

抓好习近平总书记关于金融工作重要论述的研究阐释和宣传宣介。习近平新时代中国特色社会主义思想是一个不断展开的、开放式的思想体系，习近平总书记关于金融工作的重要论述也必将随着实践深入而不断丰富发展。我们将及时跟进党的理论创新和实践创新进程，把习近平总书记关于金融工作的重要论述研究好、阐释好，宣传好、宣介好，在推进党的创新理论体系化、学理化，推动其更加深入人心、更好走向世界上下功夫，发挥好党中央可靠的文献库、思想库、智囊团作用。

抓好党领导金融工作重大成就和历史经验的编研工作。我们正在编辑《二十大以来重要文献选编》（上册）等党的重要文献集，正在编写《中国共产党历史》第三卷、第四卷和《中国共产党编年史》（新民主主义革命时期）等党史基本著作。我们将把学习研究成果体现在这些著作的撰写之中，为鉴往知来，学习我们党领导金融工作的历史进程和历史经验，特别是新时代金融改革发展的重大成就，提供权威读本。

（原载《学习时报》2024 年 1 月 31 日）

改革不停顿 开放不止步

——访中共中央党史和文献研究院院长曲青山

习近平总书记指出:"我们党作出实行改革开放的历史性决策,是基于对党和国家前途命运的深刻把握,是基于对社会主义革命和建设实践的深刻总结,是基于对时代潮流的深刻洞察,是基于对人民群众期盼和需要的深刻体悟。"回望奋斗路,眺望奋进路。改革开放40多年来波澜壮阔的伟大历程,积累了哪些宝贵经验,提供了什么重要启示?新时代以来,全面深化改革开放取得了哪些伟大成就,又有何新要求、新特点?新征程上,如何以全面深化改革推进中国式现代化,以高水平对外开放拓展中国式现代化发展空间?日前,中共中央党史和文献研究院院长曲青山接受了本报记者的专访。

改革开放是我们党的历史上一次
伟大觉醒

记者: 1978 年, 以党的十一届三中全会为标志, 中国开启了改革开放的伟大征程。这一历史性决策是怎样作出的?

曲青山: 我们党团结带领人民实行改革开放, 推进社会主义现代化建设, 是遵循历史发展规律、顺应历史发展大势、掌握历史主动的必然抉择。

一是基于对党和国家前途命运的深刻把握。

"文化大革命"是我们党在探索中国自己的社会主义道路过程中出现的严重挫折。我们党依靠自己的力量, 团结带领人民群众, 最终纠正了这一严重错误。正如邓小平在总结 1957 年以后 20 年历史经验时所指出的, "不改革不行, 不制定新的政治的、经济的、社会的政策不行"。在这个重大历史关头, 邓小平领导全党全国各族人民勇敢地面对现实, 从实际出发, 总结经验, 纠正错误, 毅然决然地作出改革开放的历史性决策, 从困境中重新奋起, 在新中国成立以来国家建设和发展的基础上, 开创了中国特色社会主义道路。

二是基于对社会主义革命和建设实践的深刻总结。

社会主义基本制度的建立，为当代中国一切发展进步奠定了根本政治前提和制度基础。如何在中国建设社会主义，是我们党执政后面临的一个崭新课题。在探索过程中虽然经历了严重曲折，但在社会主义革命和建设中取得的独创性理论成果和巨大成就，为在新的历史时期开创中国特色社会主义提供了宝贵经验、理论准备、物质基础。

在改革开放和社会主义现代化建设新时期，以邓小平同志、江泽民同志、胡锦涛同志为主要代表的中国共产党人团结带领全党全国各族人民，从新的实践和时代特征出发坚持和发展马克思主义，科学回答了建设中国特色社会主义的发展道路、发展阶段、根本任务、发展动力、发展战略、政治保证、祖国统一、外交和国际战略、领导力量和依靠力量等一系列基本问题，形成中国特色社会主义理论体系，实现了马克思主义中国化新的飞跃。

三是基于对时代潮流的深刻洞察。

20世纪80年代，邓小平深刻洞察世界形势，指出，"现在世界上真正大的问题，带全球性的战略问题，一个是和平问题，一个是经济问题或者说发展问题"。他同时强调，"大战打不起来，不要怕，不存在什么冒险的问题"，我们要抓住这个机遇，一心一意搞建设，加快发展自己。

经过长期观察和综合分析，我们党明确提出和平与发展是当今时代的主题。这个判断准确把握了东西方关系有所缓和、世界战争危险逐渐减弱、科技革命浪潮不断兴起、各国争先抢占战略发展制高点的趋势和特征，为作出对外开放的重大决策、制定新时期外交方针政策提供了重要依据。

对时代潮流的深刻洞察，同追赶时代步伐是相辅相成的。对当时世界经济发展进程的深入了解，增强了我们党推进改革开放和加快发展的现实紧迫感、责任感。因此，邓小平强调："我们要赶上时代，这是改革要达到的目的。"我们党顺应时代潮流，把握历史规律，果断实行改革开放，由此赢得了主动、赢得了发展、赢得了未来。

四是基于对人民群众期盼和需要的深刻体悟。

我们党团结带领人民干革命、搞建设、抓改革，目的是让人民过上幸福的生活。新中国成立后，我们党团结带领全国各族人民自力更生、发愤图强，建立起独立的、比较完整的工业体系和国民经济体系，初步满足和解决了人民吃饭穿衣的基本生活需要。由于探索过程经历严重曲折，社会主义的优越性没有充分发挥出来，我们的发展还比较落后，人民群众生活的改善还比较缓慢。

邓小平深刻指出："贫穷不是社会主义，社会主义要消灭贫穷。不发展生产力，不提高人民的生活水平，不能说是符合社会主义要求的。"为了满足人民群众的愿望，我们党制定了一系列对外开放和对内搞活的政策。人心所向的改革开放，在广袤大地上全面展开。

记者：改革开放是我们党的历史上一次伟大觉醒。这个伟大觉醒何以孕育新时期从理论到实践的伟大创造？

曲青山：改革开放是伟大觉醒的产物，改革开放发展了中国、发展了社会主义、发展了马克思主义。

伟大觉醒是在马克思主义科学指引下进行的。我们党团结带领人民实现的伟大觉醒，是从关于"实践是检验真理的唯一标准"大讨论开始的。真理标准问题的大讨论广泛展开、如火如荼，深入人心、影响深远，拉开了解放思想的帷幕。

通过真理标准问题的大讨论，我们党坚持和发展了马克思主义，恢复和重新确立了实事求是的思想路线，把人们的思想从长期"左"的禁锢和教条主义的束缚下解放出来。解放思想同改革开放相互激荡，观念创新和实践探索相互促进，充分显示了思想引领的强大伟力。在改革开放中，马克思主义给了中国共产党和中国人民能够觉醒、敢于觉醒、持续觉醒的强大思想武器。

伟大觉醒展现了人民群众创造历史的生动实践。改革开放中的许多新生事物都是人民群众创造的，许多东西都是由群众在实践中提出来的，是群众发明的。正如邓小平所指出的，"党只有紧紧地依靠群众，密切地联系群众，随时听取群众的呼声，了解群众的情绪，代表群众的利益，才能形成强大的力量，顺利地完成自己的各项任务"。

波澜壮阔的改革开放历史进程，是从农村到城市、从沿海到内地、从局部到整体渐次展开和推进的。在这个历史进程中，人民群众始终是改革开放的实践者、推动者、参与者。历史表明，人民群众是历史的创造者，是社会变革的决定力量，是我们党的根基、血脉和力量源泉。

伟大觉醒孕育伟大创造。我们党团结带领全国各族人民进行的这场新的伟大革命，极大地激发了广大人民群众的积极性、主动性、创造性，极大地解放和发展了社会生产力，极大地增强了社会发展活力，人民生活显著改善，综合国力显著增强，国际地位显著提高。历史雄辩地证明，改革开放是决定当代中国命运的关键抉择，是我们党和人民事业大踏步赶上时代的重要法宝。

新时代引领改革开放向更深层次挺进、更广领域迈进

记者：党的十八大以来，以习近平同志为核心的党中央团结带领全党全国各族人民全面深化改革开放。现在来看，新时代的伟大变革书写了怎样的新篇章？

曲青山：党的十八大以来，以习近平同志为核心的党中央立足中国特色社会主义新时代，战胜各种风险挑战、直面各种艰难险阻、善于化挑战为机遇，蹄疾步稳地推进全面深化改革、高水平对外开放。

一方面，以巨大的政治勇气全面深化改革，打响改革攻坚战，加强改革顶层设计，敢于突进深水区，敢于啃硬骨头，敢于涉险滩，敢于面对新矛盾、新挑战，冲破思想观念束缚，突破利益固化藩篱，坚决破除各方面体制机制弊端，各领域基础性制度框架基本建立，许多领域实现历史性变革、系统

性重塑、整体性重构，中国特色社会主义制度更加成熟、更加定型，国家治理体系和治理能力现代化水平明显提高。

另一方面，实行更加积极主动的开放战略，坚持共商、共建、共享，推动高质量共建"一带一路"，建设和平之路、繁荣之路、开放之路、绿色之路、创新之路、文明之路，使之成为当今世界深受欢迎的国际公共产品和国际合作平台，成为推动构建人类命运共同体的重要引擎。

我们坚持对内对外开放相互促进、"引进来"和"走出去"更好结合，推动贸易和投资自由化便利化，构建面向全球的高标准自由贸易区网络，建设自由贸易试验区和海南自由贸易港，推动规则、规制、管理、标准等制度型开放，形成更大范围、更宽领域、更深层次对外开放格局，构建互利共赢、多元平衡、安全高效的开放型经济体系，不断增强国际经济合作与竞争新优势。

可以说，我们奏响了全面深化改革开放的激扬乐章，我们党和国家事业焕发出新的生机活力，推动我们党和国家各项事业取得历史性成就、发生历史性变革。

记者：新时代全面深化改革开放推动我们党和国家各项

事业取得历史性成就、发生历史性变革，根本原因是什么？

曲青山：我认为，最根本的原因在于"两个确立"。党的十八大以来，以习近平同志为核心的党中央高举改革开放伟大旗帜，不断把新时代中国特色社会主义推向前进。面对国内外环境发生的广泛而深刻的变化，面对一系列新矛盾、新挑战，习近平总书记亲自领导、亲自部署、亲自推动，引领全面深化改革开放向更深层次挺进、更广领域迈进。

在改革攻坚方面，习近平总书记亲自领衔中央全面深化改革领导小组（党的十九届三中全会后改为中央全面深化改革委员会），带领全党滚石上山、爬坡过坎。特别是对一些利益关系复杂、久推不动的重大敏感改革，习近平总书记亲自开篇破题、亲自研究部署、亲自把关掌舵，亮明立场，划出底线，推动重要领域和关键环节改革取得突破性进展，覆盖之广、力度之大、影响之深都是前所未有的。

在对外开放方面，以习近平同志为核心的党中央以深谋远虑的战略眼光、海纳百川的宽广胸怀、勇立潮头的非凡勇气、层层推进的扎实作为，引领中国向世界敞开怀抱，同各国携手并肩，与全球同频共振，开辟深层次、全方位开放的崭新局面，在实现自身发展的同时，为世界各国共同繁荣作出更大贡献。

伟大事业需要科学理论指引。党的十八大以来，习近平总书记围绕全面深化改革开放提出一系列新理念、新思想、新战略，为在新的历史起点上全面深化改革开放指明方向、提供遵循。

比如，提出"改革开放是决定当代中国命运的关键一招，也是决定实现'两个一百年'奋斗目标、实现中华民族伟大复兴的关键一招"，明确"全面深化改革总目标是完善和发展中国特色社会主义制度、推进国家治理体系和治理能力现代化"，强调"中国特色社会主义在改革开放中产生，也必将在改革开放中发展壮大"。这些重要论述，是对新时代全面深化改革开放的高度概括与精准把握，指引改革开放不断向前。

我们深刻感悟到，正是因为有习近平总书记作为党中央的核心、全党的核心领航掌舵，有习近平新时代中国特色社会主义思想科学指引，才确保了改革开放的航船始终沿着正确航向乘风破浪。

记者：如何认识上海在新时代全面深化改革开放中肩负的使命、发挥的作用？

曲青山：上海是我国改革开放的前沿阵地和深度链接全球的国际大都市，一直是先进发展经验的重要诞生地。党的十八大以来，习近平总书记对上海发展发表一系列重要讲话、作出一系列重要指示批示，给上海交办重大任务、赋予重大使命。

比如，上海要"继续当好全国改革开放排头兵、创新发展先行者""勇于挑最重的担子、啃最难啃的骨头，发挥开路先锋、示范引领、突破攻坚的作用，为全国改革发展作出更大贡献""努力成为更高水平改革开放的开路先锋、全面建设社会主义现代化国家的排头兵、彰显'四个自信'的实践范例，更好向世界展示中国理念、中国精神、中国道路""加快建成社会主义现代化国际大都市"。这一系列重要讲话精神、重要指示要求为上海的改革开放工作指明了前进方向、提供了思想武器、注入了强大活力。

牢记习近平总书记殷切嘱托，上海高举新时代改革开放旗帜，先行先试、改革创新，当好全国改革开放排头兵、创新发展先行者。比如，浦东打造社会主义现代化建设引领区高起点推进，上海自贸试验区临港新片区特殊经济功能加速孕育，上交所科创板和注册制效应不断放大，长三角一体化战略不断走深走实。再如，中国国际进口博览会连续举办，已成为新发展格局的示范窗口、高水平开放的推进平台、高质量发展的有效载体、多边主义的重大舞台。

上海打造开放发展的生动样板、推动重大战略的深入实施，为全国的改革开放探索新路、积累经验、提供示范。习近平总书记指出："开放、创新、包容已成为上海最鲜明的品格。这种品格是新时代中国发展进步的生动写照。"我们完全有理由相信，在新时代全面深化改革开放的壮阔征程上，上海必将创造更加美好的未来！

把全面深化改革开放作为
推进中国式现代化的根本动力

记者：党的二十大擘画了以中国式现代化全面推进中华民族伟大复兴的宏伟蓝图。新时代新征程上，何以统筹推进深层次改革和高水平开放？

曲青山：改革开放只有进行时，没有完成时。习近平总书记在党的二十大报告中明确了前进道路上必须牢牢把握的"五个重大原则"，其中一个原则就是"坚持深化改革开放"。

站在新的历史起点上，我们要把全面深化改革开放作为推进中国式现代化的根本动力，统筹推进深层次改革和高水平开放，不断解放和发展社会生产力、激发和增强社会活力。

第一，在坚持和加强党的全面领导中统筹推进深层次改革和高水平开放。

统筹推进深层次改革和高水平开放，必须毫不动摇坚持和完善党的领导，充分发挥党总揽全局、协调各方的领导核心作用。要深刻领悟"两个确立"的决定性意义，增强"四个意识"、坚定"四个自信"、做到"两个维护"，坚持走中国特色社会主义道路不动摇，坚持社会主义制度不动摇，确保全面深化改革开放始终沿着正确方向前进。

第二，在坚持以人民为中心的发展思想中统筹推进深层次改革和高水平开放。

我们党的根本宗旨是全心全意为人民服务。人民是历史的创造者，也是改革开放的主体。统筹推进深层次改革和高水平开放，必须以促进社会公平正义、增进人民福祉为出发点和落脚点。要坚持发展为了人民、发展依靠人民、发展成果由人民共享，着力提高保障和改善民生水平，着力解决人民群众关心的现实利益问题，给老百姓带来实实在在的利益，创造更加公平的社会环境。

第三，在着力推动高质量发展中统筹推进深层次改革和高水平开放。

高质量发展是全面建设社会主义现代化国家的首要任务，是新时代的硬道理。发展是我们党执政兴国的第一要务。没有坚实的物质技术基础，就不可能全面建成社会主义现代化强国。推动高质量发展，必须坚持向改革、开放、创新要动力。要坚持开拓创新，坚持社会主义市场经济改革方向，正确处理国内循环与国际循环、自立自强与开放合作等关系，不断解放和发展社会生产力，实现经济由大到强的新跨越。

第四，在推动构建人类命运共同体中统筹推进深层次改革和高水平开放。

我们始终坚持促进世界和平与发展，致力于推动构建人类命运共同体。统筹推进深层次改革和高水平开放，要坚持对外开放的基本国策，坚定奉行互利共赢的开放战略，不断以中国新发展为世界提供新机遇，推动建设开放型世界经济，更好惠及各国人民。

特别是，要坚持经济全球化正确方向，推动贸易和投资自由化便利化，推进双边、区域和多边合作，促进国际宏观经济政策协调，共同营造有利于发展的国际环境，共同培育全球发展新动能，反对保护主义，反对"筑墙设垒""脱钩断链"，反对单边制裁或极限施压。

第五，在坚定不移全面从严治党中统筹推进深层次改革和高水平开放。

我们党作为世界上最大的马克思主义执政党，要始终赢得人民拥护、巩固长期执政地位，必须时刻保持解决大党独有难题的清醒和坚定，必须坚定不移全面从严治党，深入推进新时代党的建设新的伟大工程。新时代新征程上，要落实新时代党的建设总要求，健全全面从严治党体系，使我们党坚守初心使命，始终成为中国特色社会主义事业的坚强领导核心。

今年是改革开放 45 周年。回望奋斗路，改革开放是中国人民和中华民族发展史上一次伟大革命。正是这个伟大革命深刻改变了中国，也深刻影响了世界。眺望奋进路，我们必须把推进中国式现代化作为最大的政治，既扩大开放之门，又将改革之路走稳，做到改革不停顿、开放不止步，努力创造出让世界刮目相看的新的更大奇迹！

（原载《解放日报》2023 年 12 月 18 日）

坚持问题导向　破解发展难题

——专访中共中央党史和文献研究院院长曲青山

"坚持问题导向"，是党的二十大报告从最深层次、最高抽象凝练概括的"六个必须坚持"之一，是党的十八大以来党治国理政的突出特点，是习近平新时代中国特色社会主义思想的鲜明风格、实践要求，也是推进马克思主义中国化时代化的现实着眼点。

围绕"坚持问题导向"的历史渊源、时代价值和实践要求，《瞭望》新闻周刊记者专访了中共中央党史和文献研究院院长曲青山。

坚持问题导向是
我们党重要的思想方法和工作方法

《瞭望》：坚持问题导向是马克思主义的鲜明特点，也是中国共产党百年理论和实践创新的根本出发点。请结合我们党的百年奋斗历史，谈谈对"坚持问题导向"的理解。

曲青山：马克思主义是一种具有强烈问题意识的科学理论，"坚持问题导向"是马克思主义的鲜明特点，也是我们党重要的思想方法和工作方法。

习近平总书记指出："我们党领导人民干革命、搞建设、抓改革，从来都是为了解决中国的现实问题。"100多年来，我们党之所以能够不断从胜利走向胜利，始终走在时代前列，一个重要原因就在于能够准确把握各个时期中国社会的主要矛盾，在发现问题、分析问题、解决问题中把握历史脉络、找到发展规律、推动社会发展和历史前进。

新民主主义革命时期，以毛泽东同志为主要代表的中国共产党人，把马克思列宁主义基本原理同中国具体实际相结合，对经过艰苦探索、付出巨大牺牲积累的一系列独创性经验作了理论概括，开辟了农村包围城市、武装夺取政权的正确革命道路，创立了毛泽东思想，成功回答和解决了中国革命的性质、对象、任务、动力、前途等一系列根本问题，赢得了新民主主义革命的伟大胜利，创造了新民主主义革命的伟大成就。新中国成立后，围绕怎样建设社会主义，如何推进社会主义现代化建设等全新课题，毛泽东提出了把马克思列宁主义基本原理同中国具体实际进行"第二次结合"，结合新的实际丰富和发展了毛泽东思想，提出了关于社会主义建设的一系列重要思想，指引党和人民创造了社会主义革命和建设的伟大成就，为在新的历史时期开创中国特色社会主义提供了宝贵经验、理论准备、物质基础。

改革开放和社会主义现代化建设新时期，以邓小平同志、江泽民同志、胡锦涛同志为主要代表的中国共产党人，团结带领全党全国各族人民，从新的实践和时代特征出发坚持和发展马克思主义，科学回答了建设中国特色社会主义的发展道路、发展阶段、根本任务、发展动力、发展战略、政治保证、祖国统一、外交和国际战略、领导力量和依靠力量等一系列基本问题，形成中国特色社会主义理论体系，成功开辟了中国特色社会主义道路，创造了改革开放和社会主义现代化建设的伟大成就，推进了中华民族从站起来到富起来的伟大飞跃。

党的十八大以来，以习近平同志为主要代表的中国共产党人，坚持把马克思主义基本原理同中国具体实际相结合、同中华优秀传统文化相结合，坚持毛泽东思想、邓小平理论、"三个代表"重要思想、科学发展观，深刻总结并充分运用党成立以来的历史经验，从新的实际出发，创立了习近平新时代中国特色社会主义思想。以习近平同志为核心的党中央，立足时代和实践提出的重大问题，采取一系列战略性举措，推进一系列变革性实践，实现一系列突破性进展，取得一系列标志性成果，经受住了来自政治、经济、意识形态、自然界等方面的风险挑战考验，党和国家事业取得历史性成就、发生历史性变革，创造了新时代中国特色社会主义的伟大成就。历史和实践充分证明，坚持问题导向是中国共产党推动社会历史发展的科学世界观和方法论。

习近平新时代中国特色社会主义思想是准确把握和科学回答重大时代课题的理论结晶

《瞭望》：坚持问题导向，是习近平新时代中国特色社会主义思想的鲜明风格、实践要求，如何从"坚持问题导向"的维度理解习近平新时代中国特色社会主义思想的形成发展过程？

曲青山：时代是思想之母，实践是理论之源。习近平总书记指出："回答并指导解决问题是理论的根本任务。"马克思主义之所以行，就是因为它能够提供解决实际问题的科学方法，不断解决前进道路上遇到的各类问题，也在解决问题中不断创新发展。习近平新时代中国特色社会主义思想就是在破解难题、攻克难关中孕育、创立、形成和发展的。

党的十八大以来，我们面临的国际国内的形势任务等都发生了深刻变化，这些变化对党和国家事业的发展提出许多新要求。以习近平同志为核心的党中央坚持问题导向，直面一系列长期积累及新出现的突出矛盾和问题，进行深邃思考和科学判断，系统回答了新时代坚持和发展什么样的中国特色社会主义、怎样坚持和发展中国特色社会主义，建设什么样的社会主义现代化强国、怎样建设社会主义现代化强国，建设什么样的长期执政的马克思主义政党、怎样建设长期执政的马克思主义政党等重大时代课题，在实践的基础上及时回答了中国之问、世界之问、人民之问、时代之问，推进了党的理论创新。

比如，面对党内一度存在的对坚持党的领导认识模糊、行动乏力，落实党的领导弱化、虚化、淡化、边缘化问题，提出坚持和加强党的全面领导这一重大原则；面对西方敌对势力对我国民主政治的攻击、污蔑和歪曲，提出发展全过程人民民主的重大命题；面对发展中不平衡、不协调、不可持续的突出问题，提出立足新发展阶段、贯彻新发展理念、构建新发展格局、推动高质量发展。

又如，面对拜金主义、享乐主义、极端个人主义和历史虚无主义等错误思潮，提出建设具有强大凝聚力和引领力的社会主义意识形态，建设社会主义文化强国；面对资源环境约束趋紧、生态系统退化，特别是各类环境污染、生态破坏等突出问题，提出绿水青山就是金山银山的理念，倡导人与自然和谐共生，推进美丽中国建设；面对世界新军事变革加速发展的趋势，提出走中国特色强军之路，实现党在新时代的强军目标。

再如，面对经济全球化遭遇的逆流逆风和单边主义、保护主义甚至霸权主义甚嚣尘上，提出构建新型国际关系、构建人类命运共同体的理念；面对"四大考验""四种危险"和党内存在的突出问题，提出全面从严治党和党的自我革命的战略思想；等等。

可以说，习近平新时代中国特色社会主义思想的"十个明确""十四个坚持""十三个方面成就"的全部内容，就是在勇于直面问题、解决问题、破解难题中形成和发展的。这一重要思想既有理论高度又有实践维度，既有战略安排又有具体部署，既把眼光投向远大的目标又聚焦实现目标过程中遇到的问题，特别是注重用全局的眼光来审视当下的实践、当下的工作，提出战略性的新举措，闪耀着辩证唯物主义和历史唯物主义的真理光芒，从根本上引领了党和国家事业全面开创新局面。

实践已经并将继续证明，在坚持问题导向、回答和解决重大问题中形成的习近平新时代中国特色社会主义思想，具有强大的真理力量和独特的思想魅力，是全党全国各族人民为实现中华民族伟大复兴而奋斗的行动指南，必须长期坚持并不断发展。

在解决问题、破解难题中推进强国建设、民族复兴伟业

《瞭望》：新时代新征程，面对我国社会主要矛盾变化带来的新特征新要求和错综复杂的国际环境带来的新矛盾新挑战，应如何把握好"坚持问题导向"的世界观和方法论？

曲青山：全面建成社会主义现代化强国、实现第二个百年奋斗目标，以中国式现代化全面推进中华民族伟大复兴，是全党全国各族人民在新时代新征程的中心任务。这是一项前无古人的开创性事业，前进道路上，我们会遇到各种艰难险阻，要经受许多风高浪急甚至惊涛骇浪的重大考验。如何应对这些重大考验？如何破解前进道路上的发展难题？"坚持问题导向"是我们赢得优势、赢得主动、赢得未来的一个重要思想武器。

习近平总书记在学习贯彻习近平新时代中国特色社会主

义思想主题教育工作会议上指出，要"坚持问题导向，增强问题意识，敢于正视问题，善于发现问题，既看'高楼大厦'又看'背阴胡同'，真正把情况摸清、把问题找准、把对策提实"。我们要聆听时代声音，把握时代脉搏，回应时代呼唤，认真研究解决各种重大而紧迫的问题，不断打开事业发展的新天地。

善于发现问题。习近平同志曾指出："每个时代总有属于它自己的问题，只要科学地认识、准确地把握、正确地解决这些问题，就能够把我们的社会不断推向前进。"问题是客观存在的，要紧的是善于发现问题，抓住问题就找到了实践前进的突破点。当前，世界百年未有之大变局加速演进，不确定、难预料因素增多，我国改革发展稳定面临不少深层次矛盾躲不开、绕不过，各种风险挑战、困难问题比以往更加严峻复杂，有的是新问题，有的是老问题，有的是新老问题的叠加和交织，有的是老问题变换了新的表现形式。我们要炼就善于发现问题的"火眼金睛"，能够在纷繁复杂的表象下发现真问题、找到真症结。要从历史和现实相贯通、理论和实际相结合、国际和国内相关联的宽广视角，聚焦新时代我国发展和我们党执政面临的重大理论和实践问题，深入思考和全面把握，听真话、察真情，正视问题、直面问题，掌握解决问题的主动。

正确分析问题。习近平总书记指出，要"学会用正确的立场观点方法分析问题，善于把握历史和时代的发展方向，善于把握社会生活的主流和支流、现象和本质"。发现问题是前提，能不能正确分析问题更为关键。要坚持以求解思维研究真问题、真研究问题，通过纵向和横向的比较，进行由此及彼、由表及里的分析，深究细研、刨根问底，善于从繁杂问题中把握事物的规律性，从苗头问题中发现事物的倾向性，从偶然问题中揭示事物的必然性，透过现象看本质，提炼出规律性认识。要善于具体问题具体分析，弄清楚哪些是体制机制弊端造成的问题，哪些是工作责任不落实造成的问题，哪些是条件不具备一时难以解决的问题。要善于抓主要矛盾和矛盾的主要方面，明确有效破解问题的主攻方向，带动全局工作，推进事业全面发展。

着力解决问题。习近平总书记指出："坚持问题导向，深入实际摸清真实情况，集合众智提出解决办法，努力使对策建议有的放矢、切中要害。"发现问题、分析问题，目的都是解决问题。不解决问题就是形式主义，对问题听之任之就会贻误党和人民的事业。今天，我们所面临问题的复杂程度、解决问题的艰巨程度与过去相比明显加大，我们要努力从党的创新理论中悟规律、明方向、学方法、增智慧，把习近平新时代中国特色社会主义思想的世界观、方法论和贯穿其中的立场观点方法转化为科学的思想方法，作为研究问题、解决问题的"总钥匙"，瞄着问题去，追着问题走，聚焦实践遇到的新问题、改革发展稳定存在的深层次问题、人民群众急难愁盼问题、国际变局中的重大问题、党的建设面临的突出问题，不断提出真正解决问题的新理念新思路新办法，继续谱写新时代中国特色社会主义更加绚丽的华章。

（原载《瞭望》2023 年第 45 期）

深刻理解中国式现代化五个方面的
中国特色

实现中华民族伟大复兴，道路问题至关重要。2023年2月7日，习近平总书记在新进中央委员会的委员、候补委员和省部级主要领导干部学习贯彻习近平新时代中国特色社会主义思想和党的二十大精神研讨班开班式上发表重要讲话，就这一问题进行了深刻阐述。习近平总书记指出：中国式现代化既有各国现代化的共同特征，更有基于自己国情的鲜明特色。党的二十大报告明确概括了中国式现代化五个方面的中国特色，深刻揭示了中国式现代化的科学内涵。这既是理论概括，也是实践要求，为全面建成社会主义现代化强国、实现中华民族伟大复兴指明了一条康庄大道。

习近平总书记的重要论述，坚持理论和实践相结合、历史和现实相贯通，既对中国式现代化的中国特色进行了理论概括，又对如何推进提出了明确的实践要求。认真学习全面贯彻这一重要论述，对于全党全国各族人民自信自强、守正创新、踔厉奋发、勇毅前行，以中国式现代化全面推进中华民族伟大复兴具有极其重要的现实指导意义。要深刻理解中国式现代化五个方面的中国特色，进一步深刻认识到中国式现代化是强国建设、民族复兴的康庄大道，是由这五个方面的中国特色所决定的。

显著特征：
中国式现代化是人口规模巨大的现代化

习近平总书记之所以强调这个问题，是因为人口规模巨大的现代化是中国式现代化的"显著特征"。正确认识和准确把握这一"显著特征"，对在实践中卓有成效地推进中国式现代化至关重要。

人口规模巨大是中国的特殊国情。中国人口众多，约占世界总人口的1/5。迄今为止世界上实现了工业化的国家不超过30个，人口总数不超过10亿。其中，人口总量最大的国家是美国，其次是日本。美国现有人口 3.33 亿，日本 1.25 亿。但是，美国的人口总数也不足中国的 1/4，而日本只是中国的 1/11。其他国家像德国、英国、法国、意大利、西班牙、澳大利亚、韩国、加拿大等人口规模都处在数千万的量级，德国在这一层级排名第一，人口是 8400 多万。葡萄牙、瑞典等处在千万的量级，瑞士、丹麦、芬兰、挪威、新加坡等处在数百万的量级。新加坡人口是 560 多万，国土面积只有 730 多平方公里，是"国家城市、城市国家"。中国人口规模巨大在世界上是独一无二的。

人口规模巨大面临艰巨复杂的问题。中国人口多，分布不均匀。东部和东南部人口密集，西部和西北部人口稀少。中国人均占有耕地、水及矿产资源远低于世界平均水平。中国人均耕地面积不到全球平均水平的 1/2，人均水资源量约占全球平均水平的 1/4。由于人口基数大，在中国再小的问题只要乘以 14 亿，就会变成世界性的难题，而再多的财富总量只要除以 14 亿，人均量就会立即变小。吃饭、就业、分配、教育、医疗、住房、养老、托幼等问题，哪一个问题的解决都不是容易的事。中国式现代化的艰巨性复杂性前所未有。

人口规模巨大必须走自己的路。中国"大一统"的政治、

"一体多元"的文化和"大分散小聚集"的民族分布格局是历史形成的。中国境内的各个民族都为中华民族的形成作出了历史性贡献。中国悠久的历史、灿烂的文化、独特的价值观念和人文精神，决定了中国推进现代化，没有现成的模式可学，没有先例可循。西方现代化经历的是一个工业化、城镇化、农业现代化、信息化发展的"串联式"过程，中国式现代化将是一个工业化、城镇化、农业现代化、信息化叠加发展的"并联式"过程。中国式现代化的发展途径和推进方式必然具有自己的特点、具有中国特色。

人口规模巨大将对人类文明进步作出重大贡献。中国用占世界9%的耕地养活了占世界近20%的人口。改革开放以来，我国共减少贫困人口约8亿人，占全球减贫人口的70%以上，为全球减贫事业作出巨大贡献。中国式现代化，打破了"现代化＝西方化"的迷思，展现了一幅从未有过的新图景，为全球提供了一种全新的现代化模式，为广大发展中国家提供了全新选择，为人类的和平与发展贡献了中国智慧、中国方案、中国力量。中国实现现代化将改写世界现代化的版图。

人口规模巨大的现代化"显著特征"要求我们，在推进中国式现代化进程中，必须从中国的国情出发想问题、作决策、办事情，既不好高骛远，也不因循守旧，保持历史耐心，坚持稳中求进、循序渐进、持续推进。

本质特征：
中国式现代化是全体人民共同富裕的现代化

习近平总书记之所以强调这个问题，是因为全体人民共同富裕的现代化是中国式现代化的"本质特征"。正确认识和准确把握这一"本质特征"，对在实践中卓有成效地推进中国式现代化至关重要。

全体人民共同富裕是社会主义的本质要求。马克思创立了唯物史观和剩余价值学说，使社会主义从空想变为科学。科学社会主义规定了建设社会主义和实现共产主义的基本原则。社会主义的本质，是解放生产力，发展生产力，消灭剥削，消除两极分化，最终达到共同富裕。

全体人民共同富裕体现了中国共产党的初心使命。中国共产党诞生于内忧外患之时，成立伊始就把为中国人民谋幸福、为中华民族谋复兴作为自己的初心使命。毛泽东在 20 世纪50年代论述发展目标时指出，要使我国比现在大为发展、大为富、大为强，"而这个富，是共同的富，这个强，是共同的强，大家都有份"。邓小平在改革开放之初制定富民政策时强调，共同富裕是社会主义的"原则"、"本质"和"目的"。党的十八大以来，习近平总书记深刻指出，"共同富裕本身就是社会主义现代化的一个重要目标"，"促进全体人民共同富裕是一项长期任务，也是一项现实任务，急不得，也等不得，必须摆在更加重要的位置，脚踏实地，久久为功，向着这个目标作出更加积极有为的努力"。他要求我们既要做大"蛋糕"，也要分好"蛋糕"。在党的十九大上，习近平总书记庄严宣告：到2035年全体人民共同富裕迈出坚实步伐，到本世纪中叶全体人民共同富裕基本实现。

全体人民共同富裕反映了全国各族人民的共同企盼和强烈愿望。中国人民自古以来就怀有"小康"企盼和"大同"梦想。孔子说："不患寡而患不均，不患贫而患不安。"孟子说："老吾老以及人之老，幼吾幼以及人之幼。"新中国成立、改革开放特别是中国特色社会主义进入新时代以来，党在制定各项方针政策时，兼顾效率和公平，共同富裕取得积极进展和新的成效，我们建成世界上规模最大的教育体系、社会保障体系、医疗卫生体系，教育普及水平实现历史性跨越，人民生活全方位改善，人民群众有了更多获得感、幸福感、安全感。

全体人民共同富裕是中国式现代化不同于西方现代化的根本区别。中国式现代化以人民为中心，西方现代化以资本为中心。中国式现代化要实现全体人民共同富裕，西方现代化导致的是两极分化。西方现代化在几百年的推进中，把贫困转嫁给广大发展中国家，即使在本国也是在分配领域极为不公，使贫者愈贫、富者愈富。有关数据显示，美国最富有的1%人群的资产超过底层90%人群的资产。截至2021年底，美国最富有的1%人群资产占全国的32.2%，创历史新高，1989年这一数据为23.5%。同时，美国底层90%的人群拥有的财富份额也在逐步下降，从1989年的39.1%降至2021年底的30.2%。美国无家可归者近年来大幅度上升。根据美国住房和城市发展部的数据，2022年美国日均有58.25万人无家可归，其中40%只能居住在缺乏庇护的街道、废弃建筑或其他恶劣环境中。

全体人民共同富裕的现代化"本质特征"要求我们，在推进中国式现代化进程中，必须坚持以人民为中心的发展思想，坚持把实现人民对美好生活的向往作为现代化建设的出发点和落脚点，着力维护和促进社会公平正义，着力促进全体人民共同富裕，坚决防止两极分化。

崇高追求：中国式现代化是物质文明和精神文明相协调的现代化

习近平总书记之所以强调这个问题，是因为既要物质富足，也要精神富有，是中国式现代化的"崇高追求"。正确认识和准确把握这一"崇高追求"，对在实践中卓有成效地推进中国式现代化至关重要。

物质文明和精神文明相协调是社会主义的基本要求。马克思主义认为，物质文明和精神文明紧密联系、互相影响、互为条件、辩证统一。列宁曾强调，没有丰富的知识、技术和文化就不能建成共产主义。社会主义是共产主义的初级阶段，社会主义社会是全面发展的社会，社会主义社会不但要建设物质文明，而且也要建设精神文明，只有两个文明都搞好了，才是真正的社会主义。在社会主义阶段，只有逐步建成高度的物质文明，同时又逐步建成高度的精神文明，才能为向共产主义社会过渡创造充分的条件。

物质文明和精神文明相协调是人类社会发展的必然趋势和前进方向。人类产生的重要标志是制造工具，人类制造工具把自己从动物中脱离出来。人类自产生以来，就已经不是被动地适应自然环境，而是主动地改造自然环境，使自然环境不断地适应人。人类在改造客观世界的同时，也在改造着自己的主观世界。同时，人不仅有物质需要，也有精神需要。物质文明和精神文明相互制约、相互促进，相辅相成、共同发展。

物质文明和精神文明相协调是对中华文明的传承弘扬和对实践的探索及经验的总结。中华民族是一个勤劳勇敢善良的民族，守仁义、尊道德、尚和合、讲诚信，秉持"己欲立而立人，己欲达而达人"的原则，倡导"同舟共济、守望相助"的理念，发扬"大爱无疆、团结协作"的精神，在创造了丰厚的物质文明的同时，也创造了丰富的精神文明。几千年来，中华民族伟大的民族精神薪火相传、生生不息，成为中国人民的血脉和灵魂。中国共产党传承中华优秀传统文化，推动其创造性转化、创新性发展，坚持马克思主义在意识形态领域的指导地位，开展理想信念教育，积极培育和践行社会主义核心价值观，广泛进行爱国主义、集体主义、社会主义教育，大力开展社会主义精神文明创建活动，弘扬革命文化，发展社会主义先进文化，不断推进中华民族现代文明建设。

物质文明和精神文明相协调是中国式现代化不同于西方现代化的重要区别。中国式现代化，既要物质富足，也要精神富有。"我们要建设的社会主义现代化强国，不仅要在物质上强，更要在精神上强。"西方国家在推进现代化进程中，由于意识形态和社会制度的原因，见物不见人，重物质而轻精神，伴随而来的结果是物欲横流、私欲膨胀，信仰缺失、精神贫乏，生活颓废、道德沦丧，社会上充斥着吸毒贩毒、卖淫嫖娼、枪支暴力、种族歧视、偷盗抢劫等犯罪。"枪支暴力档案"网站统计数据显示，近年来，美国的大规模枪击数量显著增长，2022 年枪支暴力致死 43341 人，致伤 37763 人，发生大规模枪击事件 636 起，平均每天发生 2 起。美国涉枪凶杀率世界第一。另一份调查显示，2020 年美国有 5930 万 12 岁以上的人滥用毒品，其中 4960 万人吸食大麻。

物质文明和精神文明相协调的现代化"崇高追求"要求我们，在推进中国式现代化进程中，必须不断厚植现代化的物质基础，不断夯实人民幸福生活的物质条件，同时大力发展社会主义先进文化，加强理想信念教育，传承中华文明，促进物的全面丰富和人的全面发展。

鲜明特点：中国式现代化是
人与自然和谐共生的现代化

习近平总书记之所以强调这个问题，是因为尊重自然、顺应自然、保护自然，促进人与自然和谐共生，是中国式现代化的"鲜明特点"。正确认识和准确把握这一"鲜明特点"，对在实践中卓有成效地推进中国式现代化至关重要。

人与自然和谐共生是人类生存与发展的必然选择。自然是生命之母，是人类赖以生存发展的基本条件。人与自然是生命共同体，生态环境没有替代品，用之不觉，失之难存。生态文明建设关乎人类的未来，人类生活在同一个地球，任何一个国家都无法置身事外、独善其身。恩格斯曾深刻阐述了人类与自然界的相互依存关系。他说："我们不要过分陶醉于我们人类对自然界的胜利。对于每一次这样的胜利，自然界都对我们进行报复。"

人与自然和谐共生是中国人民和中华民族的优良传统。中国人民和中华民族向来尊重自然、热爱自然，很早就认识到敬畏和顺应自然对人类生存和发展的重要性。中国古人说："天地与我并生，而万物与我为一。""天不言而四时行，地不语而百物生。""万物各得其和以生，各得其养以成。""人法地，地法天，天法道，道法自然。"在劳动和生产中，劝导人们"不违农时"，"数罟不入洿池"，"斧斤以时入山林"，"顺天时，量地利"，"不夭其生，不绝其长"。《周礼》记载，西周时专门设置了管理山林和王畿苑囿的官吏，规定凡进山砍伐树木必须按季节和时间进行，不得捕杀幼小的鹿和撷取鸟蛋，不得用敷有毒药的箭射杀动物，否则将加以惩罚。我们的祖先很注意把天地人统一起来，把自然生态同人类文明联系起来，按照大自然的规律办事和活动。

人与自然和谐共生是对我们自己实践与经验的探索和总结。新中国成立特别是改革开放以来，我们对生态环境保护的重要性有一个认识逐步深化的过程。当我们在发展中看到，违背自然规律造成环境污染和生态破坏，而这些后果带来"民生之患、民心之痛"时，深刻认识到绝不能以牺牲生态环境为代价换取经济的一时发展。生态环境保护是功在当代、利在千秋的事业。我们党为了人民的利益，下了最大决心、花了最大气力，制定了一系列保护和治理生态环境的政策和措施，并加大力度抓好贯彻落实。习近平总书记提出创新、协调、绿色、开放、共享的新发展理念，提出绿水青山就是金山银山的理念，为在推进中国式现代化过程中治理生态环境确立了重大原则。经过全国人民长期坚持不懈的努力，我国生态文明建设从理论到实践都发生了历史性、转折性、全局性变化，实现了由重点整治到系统治理、由被动应对到主动作为、由全球环境治理参与者到引领者、由实践探索到科学理论指导的重大转变。

人与自然和谐共生是中国式现代化不同于西方现代化的明显区别。由于社会制度和发展理念的不同，西方国家在推进现代化进程中，大多数走的是一条"先污染后治理"的路子。它们在创造巨大物质财富的同时也加速了对自然资源的攫取，打破了地球生态系统原有的循环和平衡，造成了人与自然关系紧张。20世纪发生在西方国家的"世界八大公害事件"对生态环境和公众生活造成巨大影响，损失巨大，震惊世界。其中，洛杉矶光化学烟雾事件，先后导致近千人死亡。伦敦烟雾事件在1952年12月首次暴发的短短几天内，致死人数高达 4000 人，随后两个月内又有近 8000 人死于呼吸系统疾病，此后 1956 年、1957 年、1962 年又连续发生多达 12 次严重的烟雾事件。日本水俣病事件，患者接近千人，受威胁者多达 2 万人。

人与自然和谐共生的现代化"鲜明特点"要求我们，在推进中国式现代化进程中，必须坚持可持续发展，坚持节约优先、保护优先、自然恢复为主的方针，像保护眼睛一样保护自然和生态环境，坚定不移走生产发展、生活富裕、生态良好的文明发展道路，实现中华民族永续发展。

突出特征：
中国式现代化是走和平发展道路的现代化

习近平总书记之所以强调这个问题，是因为坚持和平发展，在坚定维护世界和平与发展中谋求自身发展，又以自身发展更好维护世界和平与发展，推动构建人类命运共同体，是中国式现代化的"突出特征"。正确认识和准确把握这一"突出特征"，对在实践中卓有成效地推进中国式现代化至关重要。

走和平发展道路是中华文明的基因。中国人民自古以来就热爱和平，中华民族是一个爱好和平的民族。中国历史上很早就提出"大道之行，天下为公"的理念，并倡导"亲仁善邻""协和万邦"的道德，深知"国虽大，好战必亡"的道理。明朝的郑和曾率领当时世界上最庞大的船队七次下西洋，最远到达了非洲的东岸，但所到国家带去的是中国的丝绸、茶叶和瓷器，进行的是经济贸易和文化交流，没有侵占过别人的一寸土地。爱好和平是中国人民和中华民族流淌在血液中的文化基因。

走和平发展道路是中国人民正确的战略抉择。近代以后，由于西方列强的入侵和封建统治者的腐败，中国逐步成为半殖民地半封建社会，国家蒙辱、人民蒙难、文明蒙尘，中华民族遭受了前所未有的劫难。因此，中国人民和中华民族对世界上那些饱受战火和受他人欺凌的国家与人民感同身受、抱有极大的同情心。中国人民对和平的向往比任何人都强烈，中华民族对战争的反对比任何人都坚决。新中国成立后，我们提出了和平共处五项原则，坚持国家不分大小、强弱、贫富一律平等。改革开放后，我们对世界发展变化的形势作出了"和平与发展是当今世界的主题"的重大判断，调整大国关系，加强同广大发展中国家的团结和合作。进入新时代，以习近平同志为核心的党中央坚持中国特色大国外交，提出推动构建新型国际关系，弘扬和平、发展、公平、正义、民主、自由的全人类共同价值，实行高水平对外开放，高质量共建"一带一路"，推动构建人类命运共同体。我们党提出"坚持和平发展道路"并将其写入《中国共产党章程》，尔后又通过国家法定程序将其写入《中华人民共和国宪法》，这在世界上是绝无仅有的。党章是中国共产党管党治党的总章程，是党内的根本法。宪法是党和人民治国安邦的总章程，是国家的根本大法，这就以党和国家法律法规的最高形式对此作出规定。中国重塑国际形象，增强了国际影响力，正日益走近世界舞台的中央。

走和平发展道路是世界发展进步的潮流和人间正道。世界的命运必须由各国人民来掌握，当今世界正处在百年未有之大变局，旧的殖民体系土崩瓦解，冷战时期的集团对抗不复存在，一大批新兴市场国家和发展中国家加快发展，世界各国相互联系、相互依存的程度不断加深。然而，人类依然面临诸多难题和挑战，地区热点此起彼伏，传统安全威胁和非传统安全威胁相互交织，和平赤字、发展赤字、安全赤字、治理赤字不断加重。世界怎么了？我们怎么办？习近平总书记先后提出了全球发展倡议、全球安全倡议、全球文明倡议，为构建人类命运共同体提供了三大支柱，为解决人类面临的共同性问题贡献了中国智慧和中国力量。

走和平发展道路是中国式现代化不同于西方现代化的重大区别。西方一些国家的现代化是通过战争、殖民、掠夺等方式实现的，那种方式损人利己、充满血腥罪恶，给广大发展中国家的人民带来的是深重苦难。美洲新大陆的发现，殖民者的入侵使印第安人急剧减少。在世界近代史上，罪恶的黑奴贸易进行了长达3个世纪，结果是使非洲大陆的黑人减少了1亿多。从15世纪末开始的300多年间，殖民者从中南美洲掠走的黄金有250万公斤、白银1亿公斤。1840年西方侵略者对中国发动了鸦片战争，用坚船利炮打开了中国闭关锁国的大门。自此以后的100多年间，世界上大大小小的帝国主义国家都侵略过中国，与中国签订的各种不平等条约多达745件。日本通过《马关条约》，从中国获赔款白银2.3亿两；英国、美国、法国等国通过《辛丑条约》，从中国获赔款白银4.5亿两，条约规定分39年还清，连本带利要赔款白银9.8亿两。以上这些，记载了西方现代化过程中的不光彩历史，也标注了资本主义的"原罪"。

走和平发展道路的现代化"突出特征"要求我们，在推进中国式现代化进程中，必须坚定站在历史正确的一边、站在人类文明进步的一边，高举和平、发展、合作、共赢旗帜，在坚定维护世界和平与发展中谋求自身发展，又以自身发展更好维护世界和平与发展。

大道之行，壮阔无垠；大道如砥，行者无疆。新中国成立特别是改革开放以来，我们用几十年时间走完西方发达国家几百年走过的工业化历程，创造了经济快速发展和社会长期稳定的奇迹，为中华民族伟大复兴开辟了广阔前景。历史和现实充分表明，中国式现代化走得通、行得稳，是"强国建设、民族复兴的唯一正确道路"，是一条"康庄大道"。我们要坚守道不变、志不改的决心，永不僵化，永不懈怠，不为任何风险所惧，不为任何干扰所惑，既不走封闭僵化的老路，也不走改旗易帜的邪路，坚定不移走中国特色社会主义道路。只要我们始终沿着这条"唯一正确道路"和"康庄大道"走下去，按照党的二十大的战略擘画，以中国式现代化全面推进中华民族伟大复兴，就一定能够到本世纪中叶即中华人民共和国成立 100 年时，胜利实现第二个百年奋斗目标，把我国建设成为富强民主文明和谐美丽的社会主义现代化强国。

（原载《求是》2023 年第 16 期）

推进中国式现代化的行动指南

  党的二十大报告概括提出并深入阐述中国式现代化理论，这是党的二十大的一个重大理论创新，是科学社会主义的最新重大成果。中国式现代化理论是党的二十大报告的一个重点，也是一个亮点，是我们学习贯彻党的二十大精神必须深刻领会和全面把握的一个重要内容。习近平总书记在新进中央委员会的委员、候补委员和省部级主要领导干部学习贯彻习近平新时代中国特色社会主义思想和党的二十大精神研讨班（以下简称研讨班）开班式上发表重要讲话强调指出，概括提出并深入阐述中国式现代化理论，是党的二十大的一个重大理论创新，是科学社会主义的最新重大成果。下面，我就习近平总书记在党的二十大上所作的报告和研讨班开班式上的重要讲话精神谈点学习认识和体会。

党的二十大报告共设置了 15 个部分。中国式现代化理论，是在报告的第三部分"新时代新征程中国共产党的使命任务"中进行阐述的。报告的第四到第十四部分分为 11 个专题，对党和国家各项事业、各方面各领域工作进行全面战略部署。第三部分和整个报告是什么关系呢？我认为，第三部分对中国式现代化理论的阐述是为今后五年党和国家各项事业各方面各领域的战略部署提供理论支撑。先把重大的理论问题讲清楚，然后进行全面战略部署。下面我就党的二十大报告对中国式现代化理论的阐述，作一个简要的梳理。

党的二十大报告着重从三个方面阐述了中国式现代化理论。一是中国式现代化的五个中国特色，二是中国式现代化九个方面的本质要求，三是推进中国式现代化必须牢牢把握的五个重大原则。

党的二十大报告阐述的中国式现代化的五个中国特色是：中国式现代化是人口规模巨大的现代化，是全体人民共同富裕的现代化，是物质文明和精神文明相协调的现代化，是人与自然和谐共生的现代化，是走和平发展道路的现代化。中国式现代化的五个中国特色深刻回答了中国式现代化"是什么"的问题。

　　党的二十大报告阐述了中国式现代化的九个方面的本质要求。这九个方面之间有内在的逻辑关系。第一个方面是坚持中国共产党领导，这是对中国式现代化领导力量的本质要求；第二个方面是坚持中国特色社会主义，这是对中国式现代化社会制度的本质要求；第三个方面是实现高质量发展，这是对中国式现代化经济建设的本质要求；第四个方面是发展全过程人民民主，这是对中国式现代化政治建设的本质要求；第五个方面是丰富人民精神世界，这是对中国式现代化文化建设的本质要求；第六个方面是实现全体人民共同富裕，这是对中国式现代化社会建设的本质要求；第七个方面是促进人与自然和谐共生，这是对中国式现代化生态文明建设的本质要求；第八个方面是推动构建人类命运共同体，这是对中国式现代化对外交往的本质要求；第九个方面是创造人类文明新形态，这是对中国式现代化文明形态的本质要求。中国式现代化就其内涵而言是新的，不是旧的，是基于中国的国情，自己走出来、探索出来的，而不是模仿别人、照抄外国、照搬西方的。对这九个方面的本质要求，再作提炼概括，就是党的领导＋社会制度＋"五大建设"（"五大建设"就是"五位一体"总体布局）＋对外交往＋文明形态。中国式现代化九个方面的本质要求深刻回答了中国式现代化"干什么"的问题。

党的二十大报告阐述了推进中国式现代化必须牢牢把握的五个重大原则。第一个重大原则是坚持和加强党的全面领导，这一条和中国式现代化九个方面的本质要求的第一条是一致的。第二个重大原则是坚持中国特色社会主义道路，这一条和中国式现代化九个方面的本质要求的第二条是一致的。之所以要继续强调这两条，是因为涉及党的领导和推进中国式现代化的方向问题，方向不能偏了，道路不能走错了。第三个重大原则是坚持以人民为中心的发展思想，强调的是我们发展的目的问题，也就是说我们实现现代化、推进现代化是为了谁？这个问题要明确。第四个重大原则是坚持深化改革开放，强调的是我们发展的动力问题，也就是我们经常说的改革开放是决定当代中国前途命运的关键一招，是党和人民事业大踏步赶上时代的重要法宝。第五个重大原则是坚持发扬斗争精神，强调的是发展方式和策略手段问题，要增强全党全国各族人民的志气、骨气、底气，不信邪、不怕鬼、不怕压，依靠顽强斗争打开事业发展新天地。推进中国式现代化必须牢牢把握的五个重大原则深刻回答了中国式现代化

"怎么干"的问题。

党的二十大报告阐述的中国式现代化理论，是对我国社会主义现代化建设长期探索和实践的科学总结，是党的现代化理论系统集成的重大创新，是对世界现代化理论的重大丰富和发展。以上就是我对党的二十大报告阐述的中国式现代化理论的简要梳理。

习近平总书记在研讨班开班式上的重要讲话，专题论述了中国式现代化问题，深刻阐述了中国式现代化的一系列重大理论和实践问题，对党的二十大报告的论述进行了深化、拓展和升华。习近平总书记的重要讲话阐述了六个问题。这六个问题相互联系、相互贯通、相互支撑，构成一个完整的理论体系，是对中国式现代化理论的极大丰富和发展，把我们党对中国式现代化的认识提升到一个新高度，谱写了党的中国式现代化理论创新的新篇章。习近平总书记的重要讲话对我们正确理解中国式现代化，全面贯彻落实党的二十大精神具有重要指导意义。下面，围绕习近平总书记在研讨班开班式上的重要讲话精神，我讲六个问题，分别对习近平总书记的六个重要论断作一阐释和解读。

第一个问题，深刻学习领会中国式现代化是我们党领导人民长期探索和实践的重大成果的重要论断

习近平总书记在研讨班开班式上的重要讲话中阐述的第一个问题是，中国式现代化是我们党领导人民长期探索和实践的重大成果。这个重要论断深刻回答了中国式现代化是怎样得来的问题。党的二十大报告对这个问题进行了简明的论述和扼要的回答。报告指出，中国式现代化是"在新中国成立特别是改革开放以来长期探索和实践基础上，经过十八大以来在理论和实践上的创新突破，我们党成功推进和拓展了中国式现代化"。这是党的二十大报告对中国式现代化怎么得来的论述。习近平总书记在研讨班开班式上的重要讲话中全面展开、深刻论述了这个问题。习近平总书记的重要讲话，以宏大的历史视角，以大历史观、唯物史观、正确党史观，从5000多年的中华文明讲起，讲到中国近代史的洋务运动、戊戌变法、辛亥革命，讲到中国共产党的百年奋斗史，党领导人民进行新民主主义革命，进行社会主义革命和建设，进

行改革开放和社会主义现代化建设，推进中国特色社会主义进入新时代。我们从中得出的结论是，中国式现代化是接续推进的，是党领导人民历经千辛万苦、付出巨大代价取得的。下面，我按照习近平总书记重要讲话中涉及的历史脉络，作一个梳理。

中华民族是世界上古老而伟大的民族，创造了绵延5000多年的灿烂文明，为人类文明进步作出了不可磨灭的贡献。我举一个例子，用一组数字来论证。我国古代科学技术长期走在世界前列。根据《自然科学大事年表》记载，我国古代科技成就在世界科技成就中所占的比重是：公元前6世纪—公元前1世纪（春秋到西汉末年）约占50%，公元1—400年（西汉末年到东晋末年）约占62%，公元401—1000年（东晋末年到北宋初年）约占71%，公元1001—1500年（北宋初年到明朝中期）所占比例在逐步下降，约占58%，公元1501—1840年（明朝中期到鸦片战争）跌落到了4%，1841—1900年（鸦片战争到清朝末年）仅占0.4%。可以看到，从公元前6世纪到公元15世纪，在长达2000多年的时间里，我国古代科技成就在世界科技成就中所占的比重高达50%—71%，长期走在世界的前列。

1840 年鸦片战争是中国近代史的开端。鸦片战争以后，由于西方列强入侵和封建统治腐败，中国逐步成为半殖民地半封建社会，国家蒙辱、人民蒙难、文明蒙尘，中华民族遭受了前所未有的劫难。实现中华民族伟大复兴也就成为近代以来中国人民最伟大的梦想。下面，我就鸦片战争以后，中国人民和中华民族探索实现中国式现代化道路的历史过程，作一介绍。大致可以分为两个阶段。

第一个阶段，从鸦片战争到中国共产党成立，是中国人民和中华民族对现代化道路的求索、尝试和梦想时期。

这个阶段有 80 多年，分为三个时期。

第一个时期是洋务运动时期。19 世纪 60 年代到 90 年代，清朝统治集团的一些开明人士，看到了中国因在科技、经济、军事等方面的落后而造成了被动挨打局面。为解除内忧外患、实现富国强兵，以维护清朝统治，洋务派开始学习西方文化及先进技术。洋务派发起以"自强""求富"为口号的洋务运动，利用西方军事装备、机器生产和科学技术来挽救清朝统治、进行自救。洋务派大规模引进西方先进的科学技术、兴办近代化军事工业和民用企业。以"自强"为旗号，引进西方先进生产技术，创办新式军事工业，训练新式海陆军，建成北洋水师等近代海军。其中规模最大的近代军工企业是在上海创办的江南制造总局；以"求富"为旗号，兴办轮船、铁路、电报、邮政、采矿、纺织等各种新式民用工业。其中规模最大的民用企业是在上海创办的轮船招商局。同时推动近代中国民族工业的发展；创办新式学校，选送留学生出国深造，培养翻译人才、军事人才、科技人才。但在中日甲午战争中，北洋海军全军覆没，标志着历时30余年的洋务运动宣告破产。

第二个时期是戊戌变法时期。1898年以康有为、梁启超为代表的维新派人士，进行了资产阶级改良运动，因以干支纪年为戊戌年，故名"戊戌变法"。维新派通过光绪帝倡导学习西方，提倡科学文化，改革政治、教育制度，发展农、工、商业等。因变法损害到以慈禧太后为首的守旧派的利益，而遭到强烈抵制与反对。1898年9月，慈禧太后发动戊戌政变，光绪帝被囚于南海瀛台，康有为、梁启超逃往海外，谭嗣同等"戊戌六君子"被杀。当时，谭嗣同已提前得到消息，本来可以有机会逃走，但他临危不惧，视死如归，拒绝一些朋友劝他到日本避难的好意，他说："各国变法，无不从流血而成。今中国未闻有因变法而流血者，此国之所以不昌也。有之，请自嗣同始。"被捕后，他在监狱墙壁上写下了《狱中题壁》，其中两句是"我自横刀向天笑，去留肝胆两昆仑"。临刑时他大呼："有心杀贼，无力回天，死得其所，快哉！快哉！"戊戌变法经过了103天，最后失败。

第三个时期是辛亥革命时期。1911年以孙中山为代表的革命党人发动辛亥革命，推翻了清王朝统治，结束了统治中国几千年的君主专制制度，开创了完全意义上的近代民族民主革命，打开了中国进步闸门，以巨大的震撼力和影响力推动了中国社会变革。但辛亥革命没有改变中国的社会性质，没有改变中国人民的悲惨命运，没有完成实现民族独立、人民解放的历史任务。从这个意义上说，它仍然是失败的。

辛亥革命后，孙中山致力于在中国推进现代化建设，撰写出版了《建国方略》。全书包括《孙文学说》、《实业计划》和《民权初步》三个部分，被称为近代中国谋求现代化的第一份蓝图。《实业计划》由六大计划共33个部分组成。在这个庞大的总体构思中，发展交通是孙中山关注的重点。他提出：修建约16万公里的铁路，以五大铁路系统把中国的沿海、内地和边疆连接起来；修建遍布全国的公路网，修建160万公里的公路；开凿、整修全国的水道和运河，大力发展内河交通和水力、电力事业；在中国北部、中部及南部沿海各修建一个如纽约港那样的世界水平的大海港。他的这些设想在当时更像是一种遥不可及的梦想，现如今都变成了现实。我们已经取得的现代化成就远远超出了他当时的设想。今天我国已经建成了 15.5 万公里的铁路，其中高速铁路 4.2 万公里；建成了 535 万公里的公路，其中高速公路达到了 17.7 万公里；全世界吞吐量最大的十大港口中国占了 7 个。

由于近代中国半殖民地半封建社会的性质，没有科学的理论指导，没有先进的阶级基础，未能提出正确的纲领，这一阶段对现代化的求索和尝试都以失败告终。历史呼唤着真正能够带领中华民族实现伟大复兴使命的领导者、承担者。

第二个阶段，从中国共产党成立到中国特色社会主义新时代，是中国共产党团结带领中国人民推进中国式现代化努力奋斗、探索实践、创新实践和成功实践的时期。

探索中国现代化道路的重任，历史地落在了中国共产党肩上。中国共产党成立后，团结带领中国人民所进行的一切奋斗，所作出的一切牺牲，就是为了把我国建设成为社会主义现代化强国，实现中华民族伟大复兴。这个阶段有 100 多年，分为四个时期。

第一个时期是新民主主义革命时期。这一时期，我们党团结带领中国人民为推进中国式现代化进行了努力奋斗。我们党团结带领人民，浴血奋战、百折不挠，经过北伐战争、土地革命战争、抗日战争、解放战争，推翻帝国主义、封建主义、官僚资本主义三座大山，建立了人民当家作主的中华人民共和国，实现了民族独立、人民解放，为实现现代化创造了根本社会条件。

在这一时期，毛泽东曾在 1944 年 5 月、1945 年 4 月谈过中国的工业化、现代化的问题。

1944 年 5 月，毛泽东在中央办公厅为陕甘宁边区工厂厂长及职工代表会议举行的招待会上提出："要中国的民族独立有巩固的保障，就必需工业化。我们共产党是要努力于中国的工业化的。"

1945 年 4 月，在党的七大上，毛泽东向大会提交了《论联合政府》的书面报告，并就报告中的一些问题以及其他问题作了长篇口头报告。毛泽东在书面报告中提出："为着打败日本侵略者和建设新中国，必须发展工业。""在新民主主义的政治条件获得之后，中国人民及其政府必须采取切实的步骤，在若干年内逐步地建立重工业和轻工业，使中国由农业国变为工业国。""中国工人阶级的任务，不但是为着建立新民主主义的国家而斗争，而且是为着中国的工业化和农业近代化而斗争。"当时他用的概念不是农业的现代化，而是农业近代化。

第二个时期是社会主义革命和建设时期。这一时期，我们党团结带领中国人民为推进中国式现代化进行了探索实践。新中国成立后，我们党团结带领人民进行社会主义革命，消灭在中国延续几千年的封建制度，确立社会主义基本制度，实现了中华民族有史以来最为广泛而深刻的社会变革，建立起独立的比较完整的工业体系和国民经济体系，社会主义革命和建设取得了独创性理论成果和巨大成就，为现代化建设奠定根本政治前提，提供了宝贵经验、理论准备、物质基础。

新中国成立之初，我国一穷二白、百废待兴。我们来看一个数据，1950 年 6 月 25 日，朝鲜内战爆发。10 月 19 日，中国人民志愿军入朝作战。这一年，美国的钢产量是 8772 万吨，工农业总产值 2800 亿美元。而中国的粗钢产量只有 61 万吨，工农业总产值仅为 100 亿美元。也就是说，美国的工农业总产值是中国的 28 倍。2022 年，我国的国内生产总值已经达到了美国的 71%。

1954年6月，毛泽东在《关于中华人民共和国宪法草案》中指出："现在我们能造什么？能造桌子椅子，能造茶碗茶壶，能种粮食，还能磨成面粉，还能造纸，但是，一辆汽车、一架飞机、一辆坦克、一辆拖拉机都不能造。"这一段话就是当时的真实写照。

这一时期，我们党提出了"四个现代化"的奋斗目标。

毛泽东在《关于中华人民共和国宪法草案》中指出，"我们是一个六亿人口的大国，要实现社会主义工业化，要实现农业的社会主义化、机械化"。1954年9月，毛泽东在第一届全国人民代表大会第一次会议上致开幕词时说，准备在几个五年计划之内，将我国"建设成为一个工业化的具有高度现代文化程度的伟大的国家"。周恩来在这次会议上所作的《政府工作报告》中，第一次完整提出了"四个现代化"的表述。他指出："如果我们不建设起强大的现代化的工业、现代化的农业、现代化的交通运输业和现代化的国防，我们就不能摆脱落后和贫困，我们的革命就不能达到目的。"1964年12月，周恩来在第三届全国人民代表大会第一次会议上所作的《政府工作报告》中，根据党中央的决定和毛泽东的建议，对"四个现代化"的表述进行了调整。他指出："从第三个五年计划开始，我国的国民经济发展，可以按两步来考虑：第一步，建立一个独立的比较完整的工业体系和国民经济体系；第二步，全面实现农业、工业、国防和科学技术的现代化，使我国经济走在世界的前列。"对"四个现代化"表述的调整主要有以下几点：一是把工业和农业的顺序作了调整，把农业放在前面；二是将现代化的交通运输业替换为科学技术的现代化；三是将现代化的国防从第四位调整到了第三位。因此，"四个现代化"的准确表述是农业现代化、工业现代化、国防现代化和科学技术现代化。1975年1月，周恩来在第四届全国人民代表大会第一次会议上所作的《政府工作报告》中又对实现四个现代化作了重申，内容和在第三届全国人民代表大会第一次会议上的表述是一致的。

第三个时期是改革开放和社会主义现代化建设新时期。这一时期，我们党团结带领中国人民为推进中国式现代化进行了创新实践。我们党作出把党和国家工作中心转移到经济建设上来、实行改革开放的历史性决策，大力推进实践基础上的理论创新、制度创新、文化创新以及其他各方面创新，实行社会主义市场经济体制，实现了从生产力相对落后的状态到经济总量跃居世界第二的历史性突破，实现了人民生活从温饱不足到总体小康、奔向全面小康的历史性跨越，为中国式现代化提供了充满新的活力的体制保证和快速发展的物质条件。

这个时期，我们党从中国基本国情以及与西方发达国家发展水平差距较大的具体实际出发，对党在20世纪60年代提出的"四个现代化"的内涵和标准作了调整。

1979年3月，邓小平在会见英中文化协会会长马尔科姆·麦克唐纳时提出："我们定的目标是在本世纪末实现四个现代化。我们的概念与西方不同，我姑且用个新说法，叫做中国式的四个现代化。"随后，邓小平在中共中央政治局会议上又把这一说法表述为"中国式的现代化"。在我们党的文献中，这是第一次出现这一与"中国式现代化"相近的说法，但也只是个说法而已，还不具备完整的内涵与周延的概念。

1979年12月，邓小平在会见日本首相大平正芳时首次提出了"小康社会"的概念，并用"小康之家"四个字来描述我国现代化的阶段性目标。

1982年9月，党的十二大根据邓小平关于小康社会的构想，提出了到20世纪末全国工农业总产值翻两番，实现小康的目标。当时用的概念是"全国工农业总产值"。

　　1987 年 10 月，党的十三大又根据邓小平的设想，规划了"三步走"的发展战略。第一步，实现国民生产总值比 1980 年翻一番，解决人民的温饱问题；第二步，到 20 世纪末，使国民生产总值再增长一倍，人民生活达到小康水平；第三步，到 21 世纪中叶，人均国民生产总值达到中等发达国家水平，人民生活比较富裕，基本实现现代化。

　　1997 年 9 月，党的十五大将原来"三步走"战略作了进一步完善。因为党的十三大提出的"三步走"战略目标的第二步提前实现了，党的十五大在原第二步到第三步之间，又提出了一个新"三步走"战略。即 21 世纪第一个十年实现国民生产总值比 2000 年翻一番，使人民的小康生活更加宽裕，形成比较完善的社会主义市场经济体制；再经过十年的努力，到建党 100 年时，使国民经济更加发展，各项制度更加完善；到 21 世纪中叶新中国成立 100 年时，基本实现现代化，建成富强民主文明的社会主义国家。

　　2002 年 11 月，党的十六大提出了全面建设小康社会的目标。这个目标是"我们要在本世纪头二十年，集中力量，全面建设惠及十几亿人口的更高水平的小康社会"。十六大根据国内经济发展的情况，提出了国内生产总值到 2020 年力争比

2000 年翻两番的目标。

2007 年 10 月，党的十七大对全面建设小康社会的目标提出了更高要求。不同的是，党的十六大的"翻两番"指的是国内生产总值翻两番，到党的十七大时把目标调整成人均国内生产总值翻两番。因为我国人口基数大，考虑到人口增加，如果人均国内生产总值翻两番，国内生产总值就要翻两番半。所以，党的十六大、十七大提出的这样一些战略目标就为明确提出"全面建成小康社会"的战略目标做了充分的理论准备。

第四个时期是中国特色社会主义新时代。这一时期，我们党团结带领中国人民为推进中国式现代化进行了成功实践。党的十八大以来，我们党在已有基础上继续前进，不断实现理论和实践上的创新突破，成功推进和拓展了中国式现代化。我们在认识上不断深化，创立了习近平新时代中国特色社会主义思想，实现了马克思主义中国化时代化新的飞跃，为中国式现代化提供了根本遵循。我们进一步深化对中国式现代化的内涵和本质的认识，概括形成中国式现代化的中国特色、本质要求和重大原则，初步构建中国式现代化的理论体系，使中国式现代化更加清晰、更加科学、更加可感可行。我们在战略上不断完善，深入实施科教兴国战略、人才强国战略、乡村振兴战略等一系列重大战略，为中国式现代化提供坚实战略支撑。我们在实践上不断丰富，推进一系列变革性实践、实现一系列突破性进展、取得一系列标志性成果，推动党和国家事业取得历史性成就、发生历史性变革，特别是消除了绝对贫困问题，全面建成小康社会，为中国式现代化提供了更为完善的制度保证、更为坚实的物质基础、更为主动的精神力量。

2012年11月，党的十八大提出了全面建成小康社会和"两个一百年"奋斗目标。党的十六大、十七大的表述是"全面建设小康社会"，党的十八大改为"全面建成小康社会"。虽然只有一字之差，但内涵丰富、意义深远。从"小康之家"到"小康社会"，从"总体小康"到"全面小康"，从"全面建设"到"全面建成"，小康从梦想走进现实。

从2020年到本世纪中叶，即2020年实现全面建成小康社会的第一个百年奋斗目标之后的30年如何规划？2017年10月，党的十九大分两个阶段进行战略安排。第一个阶段，从2020年到2035年，在全面建成小康社会的基础上，再奋斗15年，基本实现社会主义现代化。这就将基本实现社会主义现代化目标提前 15 年。第二个阶段，从 2035 年到本世纪中叶，在基本实现现代化的基础上，再奋斗 15 年，把我国建成富强民主文明和谐美丽的社会主义现代化强国。

2022 年 10 月，党的二十大对两个阶段战略安排又进行了宏观展望，对中国式现代化进行全面的战略部署，重申和强调了党的十九大提出的两个阶段的战略安排。表述上是一样的，没有新的变化。

从 1840 年鸦片战争以来这 180 多年，分两个阶段对中华民族和中国人民为实现现代化的努力奋斗和实践历程作了简要梳理。历史表明，中国式现代化从马克思主义中走来，从中华优秀传统文化中走来，从中国共产党的百年奋斗中走来，从改革开放中走来，从新时代的伟大实践中走来。毛泽东曾说过，"不讲历史就讲不出道理"，"只有讲历史才能说服人"，"我们看历史，就会看到前途"。习近平总书记在研讨班开班式上的重要讲话，从历史中阐述中国式现代化是怎么得来的，得出了令人信服的结论。

第二个问题，深刻学习领会中国式现代化是中国共产党领导的社会主义现代化的重要论断

习近平总书记在研讨班开班式上的重要讲话中阐述的第二个问题是，中国式现代化是中国共产党领导的社会主义现代化。习近平总书记指出："党的领导决定中国式现代化的根本性质，只有毫不动摇坚持党的领导，中国式现代化才能前景光明、繁荣兴盛；否则就会偏离航向、丧失灵魂，甚至犯颠覆性错误。"党的领导确保中国式现代化锚定奋斗目标行稳致远，我们党的奋斗目标一以贯之，一代一代地接力推进，取得了举世瞩目、彪炳史册的辉煌业绩。党的领导激发建设中国式现代化的强劲动力，我们党勇于改革创新，不断破除各方面体制机制弊端，为中国式现代化注入不竭动力。党的领导凝聚建设中国式现代化的磅礴力量，我们党坚持党的群众路线，坚持以人民为中心的发展思想，发展全过程人民民主，充分激发全体人民的主人翁精神。

习近平总书记这个重要论断深刻回答了中国式现代化

的根本属性问题。这是最大、最关键、最核心的问题。党的二十大报告指出："中国式现代化，是中国共产党领导的社会主义现代化。"报告阐述的中国式现代化本质要求的九个方面的第一条，就是坚持中国共产党领导，是对中国式现代化领导力量的本质要求。报告阐述的必须牢牢把握的五个重大原则的第一个原则，就是坚持和加强党的全面领导。能不能坚持和加强党的全面领导决定着我们推进中国式现代化能不能成功。之所以反复重申和强调这个问题，就是因为中国的近现代史表明，中国式现代化必须由中国共产党来领导，也只能由中国共产党来领导，不能由别的什么政党和政治力量来领导，他们也领导不了。刚才在梳理历史脉络时，这个问题已经讲清楚了。党的性质宗旨、初心使命、信仰信念、政策主张决定了中国式现代化是社会主义的现代化，而不是别的什么现代化。社会主义的现代化前面还要加"中国特色"四个字，不是把中国式现代化作为社会主义现代化的统一标准和模式，我们走的是自己的路，别的国家可以学习和借鉴。所以习近平总书记指出，坚持中国共产党的领导，"这是对中国式现代化定性的话，是管总、管根本的"。习近平总书记特别强调，党的领导直接关系中国式现代化的根本方向、前途命运、最终成败。习近平总书记的重要讲话，从党的领导决定中国式现代化的根本性质、党的领导确保中国式现代化锚定奋斗目标行稳致远、党的领导激发建设中国式现代化的强劲动力、党的领导凝聚建设中国式现代化的磅礴力量四个方面，深刻论述了这个问题。这个问题是我们在推进中国式现代化进程中第一和头等重要的问题。须臾不可忘记，必须时刻牢记。

第三个问题，深刻学习领会中国式现代化是 强国建设、民族复兴的康庄大道的 重要论断

习近平总书记在研讨班开班式上的重要讲话中阐述的第三个问题是，中国式现代化是强国建设、民族复兴的康庄大道。这个重要论断深刻回答了中国式现代化的中国特色的实践要求问题。马克思主义认为，普遍性寓于特殊性之中，特殊性包含了普遍性，任何事物都是特殊性与普遍性的统一。一个国家选择什么样的现代化道路，是由其历史传统、社会制度、发展条件、外部环境等诸多因素所决定的。国情不同，

现代化途径也会不同。实践证明，一个国家走向现代化，既要遵循现代化一般规律，更要符合本国实际，具有本国特色。中国式现代化既有各国现代化的共同特征，更有基于自己国情的鲜明特色。我举一个例子，人这个概念，是从生物性、社会性两个方面来规定它的本质的。抽象的人，我们是看不见、摸不着的；我们看到的人是一个个具体的人，包括男人、女人，老人、小孩，张三、李四、王五，等等。人是从每一个个性、每一个特殊性中提炼出来的一个概念，有共性的特点。现代化的普遍性和特殊性的关系，也是这样的。有同志提出，习近平总书记在党的二十大报告中讲到了中国式现代化五个方面的中国特色，为何在研讨班开班式上的重要讲话中重申这个问题？党的二十大报告和研讨班开班式上的重要讲话对这个问题的阐述有何不同？我认为，习近平总书记在党的二十大报告中是从中国式现代化的中国特色的理论概括角度进行阐释，着重讲中国式现代化"是什么"，和西方国家的现代化有什么不同。习近平总书记在研讨班开班式上的重要讲话，对中国式现代化的五个方面的中国特色，从强国建设、民族复兴康庄大道的实践要求角度来进行阐述。讲的是同一个问题，内容相同，但侧重点各有不同，分别从理论概括和实践要求的角度来进行阐述。习近平总书记在研讨班开班式上的重要讲话中，对中国式现代化五个方面的中国特色分别进行了定位。人口规模巨大的现代化是中国式现代化的显著特征。全体人民共同富裕的现代化是中国式现代化的本质特征。物质文明和精神文明相协调的现代化是中国式现代化的崇高追求。人与自然和谐共生的现代化是中国式现代化的鲜明特点。走和平发展道路的现代化是中国式现代化的突出特征。

比如，中国式现代化是人口规模巨大的现代化。我国 14 亿多人口整体迈进现代化社会，规模将超过现有发达国家人口的总和，艰巨性和复杂性前所未有。不管多么小的问题，只要乘以 14 亿，马上就是一个世界性的难题；不管多么可观的财力、物力，只要除以 14 亿，那就成为较低的人均水平。我国全国人民每天要消费 70 万吨粮食、9.8 万吨油、192 万吨蔬菜和 23 万吨肉。这个数字是相当可观的。在人类 200 多年的现代化进程中，全球实现现代化的国家不超过 30 个，人口总共不超过 10 亿人。中国实现现代化，意味着比现在所有发达国家人口总和还要多的人民将进入现代化行列，这将改变世界现代化的版图。已经实现现代化的国家中，人口最多的是美国，有 3.33 亿人，约是中国人口的 1/4；日本有 1.25 亿人口，约是中国人口的 1/11；新加坡的人均国内生产总值比美国还要高。但新加坡是城市国家，人口只有 560 多万，面积是 730 多平方公里。新加坡 1965 年从马来西亚独立出来。印度尼西亚前总统哈比比曾对新加坡的一位部长说，看看地图，那个"小红点"是新加坡。所以，我国国情和这些已经实现现代化的国家肯定是不一样的。

又如，中国式现代化是走和平发展道路的现代化。老牌的帝国主义国家、早期实现了现代化的国家，无一例外走的是通过战争、殖民、掠夺等方式实现现代化的老路，是损人利己、充满血腥罪恶的老路，给广大发展中国家人民带来深重苦难。英国在工业革命后，企图用商品贸易打开中国的大门。但在中英贸易中，英国长期出现了贸易逆差。为扭转这种局面，英国在印度种植和收购鸦片，向中国大量走私。遭到清政府的抵制后，英国政府以林则徐虎门销烟等为借口，发动鸦片战争，从此中国逐步成为半殖民地半封建社会。甲午战争，中国战败，1895 年中国被迫签订《马关条约》，对日割地赔款。中国赔款 2 亿两白银，割让了台湾、澎湖列岛及辽东半岛。由于辽东半岛涉及俄德法三国的利益，三国联合其他国家干涉后，日本被迫归还辽东半岛，中国又被迫缴纳赎金 3000 万两白银。所以，在甲午战争中中国给日本的赔款达到 2.3 亿两白银。当时中国清朝政府每年的财政收入只有 8000 万两白银。赔款相当于清政府近三年的财政收入，也是当时日本政府几年的财政收入。前面讲到，甲午战争的失败宣告了洋务运动的破产，清政府再也没有能力去推进自己的工业化、现代化，沉重的赔款负担压在中国人民身上。日本拿到赔款后，将其投入军工、科技、教育等各方面，大大加快了日本现代化的进程。所以，日本成为世界近代史上亚洲唯一进入帝国主义行列的国家，历史上称为"脱亚入欧"，其他所有亚洲国家都成为殖民地或半殖民地。一些西方国家还进行了罪恶的奴隶贸易，把非洲人像猎物一样捕获，然后贩卖到欧洲、北美洲、南美洲等。黑奴贸易持续了几个世纪，对非洲而言，这是一场浩劫，使非洲损失了 1 亿多人口。由于运输过程中奴隶生活在拥挤的船舱中，空气污浊、流行病猖獗、饮食恶劣、淡水供应不足，很多奴隶在运输中死去。有学者统计，在运输中死亡的奴隶有 150 多万人。15 世纪末欧洲殖民者来到美洲时，印第安人有 500 多万人。殖民者夺取印第安人的土地，对印第安人采取了种种野蛮的政策。美国独立后，美国统治集团采取武力和欺诈手段把印第安人从他们世代居住的土地上赶走。到 20 世纪初印第安人人口陡降至 25 万人。

自 15 世纪末开始，西方殖民者在 300 多年间，仅从中南美洲就抢走了 250 万公斤黄金、1 亿公斤白银。以上都是这些国家在推进现代化进程中的不光彩历史，标注了资本主义现代化的"原罪"。我们走和平发展道路的现代化。我国提出推动构建人类命运共同体，高举和平、发展、合作、共赢旗帜，在坚定维护世界和平与发展中谋求自身发展，又以自身发展更好维护世界和平与发展。

由此，我们可以得出结论，中国式现代化是全面建设社会主义现代化国家的必由之路，是强国建设、民族复兴的康庄大道。习近平总书记指出："新中国成立特别是改革开放以来，我们用几十年时间走完西方发达国家几百年走过的工业化历程，创造了经济快速发展和社会长期稳定的奇迹，为中华民族伟大复兴开辟了广阔前景。实践证明，中国式现代化走得通、行得稳，是强国建设、民族复兴的唯一正确道路。"我们必须坚持道不变、志不改，不为任何风险所惧，不为任何干扰所惑，坚定不移沿着这条康庄大道走下去。

第四个问题，深刻学习领会中国式现代化创造了人类文明新形态的重要论断

习近平总书记在研讨班开班式上的重要讲话中阐述的第四个问题是，中国式现代化创造了人类文明新形态。这个重要论断深刻回答了中国式现代化对世界和人类所作的重大贡献问题。党的二十大报告在论述中国式现代化的本质要求时提出了创造人类文明新形态，给出了中国式现代化创造人类文明新形态的性质判断。它的内涵和外延是什么？在研讨班开班式上的重要讲话中，习近平总书记给中国式现代化创造人类文明新形态的内涵外延下了一个科学的定义。习近平总书记的重要讲话全面准确科学地回答了这个问题，这是迄今为止，我们党第一次对中国式现代化创造人类文明新形态作出的最新、最完整、最权威的定义和表述。这就是"中国式现代化，深深植根于中华优秀传统文化，体现科学社会主义的先进本质，借鉴吸收一切人类优秀文明成果，代表人类文明进步的发展方向，展现了不同于西方现代化模式的新图景，是一种全新的人类文明形态"。这是对党的二十大报告中中国

式现代化本质要求的第九个方面的科学定义和完整表述。中国式现代化创造的人类文明新形态具有什么样的世界意义？习近平总书记强调，中国式现代化，打破了"现代化＝西方化"的迷思，为全球提供了一种全新的现代化模式，是对西方现代化理论和实践的重大超越，为广大发展中国家提供了全新选择，为人类的和平与发展贡献了中国智慧、中国方案、中国力量。在过去很长一段时间，很多人，包括一些大词典词条就是把现代化和西方化完全等同起来。这种认识是不对的、不正确的。习近平总书记指出，世界上既不存在定于一尊的现代化模式，也不存在放之四海而皆准的现代化标准。中国式现代化将会走出不同于西方现代化道路的一条新的道路。我们要坚定历史自信，增强为人类作出更大贡献的使命感和责任感。

毛泽东在为纪念孙中山诞辰 90 周年写的文章中指出："再过四十五年，就是二千零一年，也就是进到二十一世纪的时候，中国的面目更要大变。中国将变为一个强大的社会主义工业国。中国应当这样。因为中国是一个具有九百六十万平方公里土地和六万万人口的国家，中国应当对于人类有较大的贡献。"改革开放以来，邓小平也反复强调这个问题，他指出，"中国应对人类有较大的贡献"，"如果在本世纪末，我们的国民生产总值实现翻两番，达到一万亿美元，中国就可以对人类做出更多一点贡献"。前面讲到，中国是一个有着5000多年文明史的大国，在历史上曾长期走在世界前列，是世界古代文明中唯一没有中断而延续至今的。有学者认为中华民族实现伟大复兴，这是世界历史上史无前例、绝无仅有的。在党的坚强领导下，中华民族迎来了从站起来、富起来到强起来的伟大飞跃，实现中华民族伟大复兴进入了不可逆转的历史进程！

第五个问题，深刻学习领会推进中国式现代化需要处理好若干重大关系的重要论断

习近平总书记在研讨班开班式上的重要讲话中阐述的第五个问题是，推进中国式现代化需要处理好若干重大关系。这个重要论断深刻回答了推进中国式现代化的方法论问题。毛泽东说过："我们不但要提出任务，而且要解决完成任务的方法问题。我们的任务是过河，但是没有桥或没有船就不能

过。不解决桥或船的问题，过河就是一句空话。"推进中国式现代化是一个系统工程，需要统筹兼顾，系统谋划，整体推进，正确处理好一系列重大关系。习近平总书记在重要讲话中提出了需要正确处理好的六个重大关系，就是顶层设计与实践探索的关系、战略与策略的关系、守正与创新的关系、效率与公平的关系、活力与秩序的关系、自立自强与对外开放的关系。习近平总书记阐述的第一个要处理好的关系是顶层设计与实践探索的关系。习近平总书记强调："进行顶层设计，需要深刻洞察世界发展大势，准确把握人民群众的共同愿望，深入探索经济社会发展规律，使制定的规划和政策体系体现时代性、把握规律性、富于创造性，做到远近结合、上下贯通、内容协调。同时，推进中国式现代化是一个探索性事业，还有许多未知领域，需要我们在实践中去大胆探索，通过改革创新来推动事业发展，决不能刻舟求剑、守株待兔。"习近平总书记阐述的第二个要处理好的关系是战略与策略的关系。习近平总书记强调："要增强战略的前瞻性，准确把握事物发展的必然趋势，敏锐洞悉前进道路上可能出现的机遇和挑战，以科学的战略预见未来、引领未来。增强战略的全局性，谋划战略目标、制定战略举措、作出战略部署，都要着眼于解决事关党和国家事业兴衰成败、牵一发而动全身的重大问题。增强战略的稳定性，战略一经形成，就要长期坚持、一抓到底、善作善成，不要随意改变。""把战略的原则性和策略的灵活性有机结合起来，灵活机动、随机应变、临机决断，在因地制宜、因势而动、顺势而为中把握战略主动。"毛泽东在总结中国革命战争的经验和规律时，撰写了《中国革命战争的战略问题》，抗日战争全面爆发以后又撰写了《抗日游击战争的战略问题》《论持久战》。1950 年 10 月，中共中央政治局召开扩大会议讨论朝鲜战局和中国出兵援朝问题，毛泽东针对林彪提出的美军高度现代化，还有原子弹等观点，指出：它有它的原子弹，我有我的手榴弹，我相信我的手榴弹会战胜它的原子弹，它无非是个纸老虎。1965 年 3 月，他在会见由艾哈迈德·舒凯里率领的巴勒斯坦解放组织代表团时指出：战争时期，战争就是学习。主要是两条，你打你的，我打我的。我打我的又是两句话：打得赢就打，打不赢就走。1965 年 4 月，他在听取作战问题汇报时指出："打仗并没有什么神秘，打得赢就打，打不赢就走，你打你的，我打我的。什么战略战术，说来说去，无非就是这四句话。"习近平总书记阐述的第三个要处理好的关系是守正与创新的关系。

习近平总书记强调："要守好中国式现代化的本和源、根和魂，毫不动摇坚持中国式现代化的中国特色、本质要求和重大原则……确保中国式现代化的正确方向。"中国共产党的领导、中国特色社会主义等，都是本和源、根和魂的问题。习近平总书记强调："要把创新摆在国家发展全局的突出位置，顺应时代发展要求，着眼于解决重大理论和实践问题，积极识变应变求变，大力推进理论创新、实践创新、制度创新、文化创新以及其他各方面创新，不断开辟发展新领域新赛道，塑造发展新动能新优势。"习近平总书记阐述的第四个要处理好的关系是效率与公平的关系。习近平总书记强调："既要创造比资本主义更高的效率，又要更有效地维护社会公平，更好实现效率与公平相兼顾、相促进、相统一。"习近平总书记阐述的第五个要处理好的关系是活力与秩序的关系。习近平总书记强调："统筹发展和安全，贯彻总体国家安全观，健全国家安全体系，增强维护国家安全能力，坚定维护国家政权安全、制度安全、意识形态安全和重点领域安全。"

我们通常用"黑天鹅""灰犀牛"事件来形容各种风险。"黑天鹅"事件，是指难以预料，但突然发生时会引起连锁反应、带来巨大负面影响的小概率事件。"灰犀牛"事件，是指明显的、高概率的却又屡屡被人忽视、最终有可能酿成大危机的事件。最近有一篇文章《抓住2023年的四只另类"黑天鹅"，关注美台勾连的新风险》，文章讲道，2023年我们要关注四只另类的"黑天鹅"。第一，"黑天鹅"是迟到的"白天鹅"，关注世界重要政治领袖的人身安全。例如，日本前首相安倍晋三遇刺时，日本政坛已完成权力交接，事实证明其本人对日本社会的影响力有限，且日本对世界局势的影响力有限。但当今世界是有个人安危关系国家局势与世界历史走向的政治领袖的。第二，"黑天鹅"是沉默的"白天鹅"，关注曾经活跃但现在安静的重要国家。例如，文中总结了"贝卢斯科尼现象"：贝卢斯科尼曾担任意大利总理并被曝出多项丑闻而为人熟知。但现任总理梅洛尼还有几任前总理并没有很高的知名度。意大利既是西方老牌劲旅，也是当今欧洲和世界的重要力量，远非澳大利亚可比，意大利是切实具备让中国关注它的能力的。第三，"黑天鹅"是别处的"白天鹅"，关注威胁粮食安全的现实与潜在风险。例如，中国人已经很久没有饿过肚子了，饭碗一直端得比较稳。2022年7月，联合国5个相关机构联合发布报告称，2021年全球遭受饥饿的人口有8.28亿人，较2020年增加约4600万人。饭碗如果不稳，所带来的社会效应与政治影响，会对政权的合法性、生命力带来威胁。第四，"黑天鹅"是染色的"白天鹅"，关注美台勾连寻求新突破的风险。这篇文章思考的这些问题还是能给我们一些启发的。

习近平总书记阐述的第六个要处理好的关系是自立自强与对外开放的关系。习近平总书记强调："必须坚持独立自主、自立自强，坚持把国家和民族发展放在自己力量的基点上，坚持把我国发展进步的命运牢牢掌握在自己手中。""不断扩大高水平对外开放……深度参与全球产业分工和合作，维护多元稳定的国际经济格局和经贸关系，拓展中国式现代化的发展空间。"这是习近平总书记在党的二十大报告中提出推进中国式现代化必须牢牢把握好的五个重大原则之后，再次提出的需要正确处理好的六对重大关系，对推进中国式现代化"怎么干"的问题，给我们提供了科学的思想方法和工作方法，具有极强的政治性、战略性、思想性、指导性、针对性和可操作性。成功推进中国式现代化，不仅要知道"是什么""干什么"，还要解决好我们"怎么干"的问题，必须在实践中正确处理好这一系列重大关系。

第六个问题，深刻学习领会推进中国式现代化必须进行伟大斗争的重要论断

习近平总书记在研讨班开班式上的重要讲话中阐述的第六个问题是，推进中国式现代化必须进行伟大斗争。习近平总书记指出，推进中国式现代化，是一项前无古人的开创性事业，必然会遇到各种可以预料和难以预料的风险挑战、艰难险阻甚至惊涛骇浪，必须增强忧患意识，坚持底线思维，居安思危、未雨绸缪，敢于斗争、善于斗争，通过顽强斗争打开事业发展新天地。2018 年 12 月，习近平总书记在庆祝改革开放 40 周年大会上强调："我们现在所处的，是一个船到中流浪更急、人到半山路更陡的时候，是一个愈进愈难、愈进愈险而又不进则退、非进不可的时候。"我认为这段话讲得非常好、非常形象、非常生动。所以，习近平总书记指出，要保持战略清醒，对各种风险挑战做到胸中有数；保持战略自信，增强斗争的底气；保持战略主动，增强斗争本领。要加强能力提升，让领导干部特别是年轻干部经受严格的思想淬炼、政治历练、实践锻炼、专业训练，在复杂严峻的斗争中

经风雨、见世面、壮筋骨、长才干。注重在严峻复杂斗争中考察识别干部，为敢于善于斗争、敢于担当作为、敢抓善管不怕得罪人的干部撑腰鼓劲，看准的就要大胆使用。这个重要论断深刻回答了推进中国式现代化的策略和手段问题。党的二十大报告在阐述推进中国式现代化必须牢牢把握的五个重大原则时，第五个重大原则强调的是要坚持发扬斗争精神。习近平总书记在研讨班开班式上的重要讲话在党的二十大报告的基础上，又从三个方面全面展开论述，这就是要保持战略清醒、保持战略自信、保持战略主动。战略清醒、战略自信、战略主动，三个"战略"环环相扣，相互关联，层层递进，形成一个有机统一的整体，最终达到通过顽强斗争打开事业发展新天地的境界和高度。历史反复证明，以斗争求安全则安全存，以软弱退让求安全则安全亡；以斗争谋发展则发展兴，以软弱退让谋发展则发展衰。这是推进中国式现代化必须进行伟大斗争的依据所在、原因所在、道理所在。新时代新征程，我们必须"明知山有虎，偏向虎山行"，义无反顾地进行具有许多新的历史特点的伟大斗争。党的十八大报告第一次提出了我们必须准备进行具有许多新的历史特点的伟大斗争的重要论断。习近平同志当时是党的十八大文件起草组组长，他坚持要把这句话写到报告里。我在学习党的十八大报告的时候，感到这句话很有新意，但是对其内涵理解得不是很透彻。后来，风高浪急的国际环境和艰巨繁重的国内改革发展稳定任务，证明了这个重要论断的正确性。现在有人讲中美博弈是世界百年未有之大变局的一个重大变量。党中央提出将继续高举和平、发展、合作、共赢的旗帜，坚定不移致力于维护世界和平、促进共同发展。但美国竭力遏制打压中国，美国民主党与共和党之间已经形成遏制打压中国的高度共识。美国国务卿布林肯就曾说，未来十年将会是美国和中国竞争的关键时期，如若美国无法抓住机会，将会彻底丧失遏制中国崛起的能力，美国的世界地位也将受到影响。有人讲，中美关系处理得好可能会"擦肩而过"，处理得不好可能会"擦枪走火"，处理得再不好可能会"迎头相撞"。所以，在这样一个国际国内形势下，我们推进中国式现代化，要坚持发扬斗争精神。毛泽东在湖南省立第一师范学校就读时曾在日记里写道："与天奋斗，其乐无穷！与地奋斗，其乐无穷！与人奋斗，其乐无穷！"今天我们也可以说，与遏制封锁打压中国、与迟滞中断中华民族伟大复兴历史进程的敌对势力斗，我们其乐无穷。1965年10月，毛泽东在同越南民主共和国党政代表团谈话时指出："胜利的信念是打出来的，是斗争中间得出来的。"我效仿毛泽东的话作为本文的结束语：胜利的信念是打出来的，新天地是在斗争中开辟出来的！

（原载《时事报告·党委中心组学习》2023 年第 2 期）

深刻理解中国式现代化的科学内涵

习近平总书记在党的二十大报告中全面系统深入地阐述了中国式现代化的科学内涵，即中国式现代化的中国特色、本质要求和重大原则。这是对党的现代化理论的一个重大丰富和发展，是党的二十大报告的一个重大亮点，也是一个重大创新点。认真学习、深刻理解、准确把握这一重大论断，对于动员全党全国各族人民在新时代新征程夺取中国特色社会主义新胜利，全面建设社会主义现代化国家、全面推进中华民族伟大复兴，具有重大的现实意义和深远的历史意义。

深刻理解中国式现代化的中国特色

习近平总书记在党的二十大报告中指出："从现在起，中国共产党的中心任务就是团结带领全国各族人民全面建成社会主义现代化强国、实现第二个百年奋斗目标，以中国式现代化全面推进中华民族伟大复兴。"全面建设社会主义现代化国家、全面推进中华民族伟大复兴，是新时代新征程中国共产党的使命任务。那么，以什么样的途径、方式、手段实现奋斗目标、完成使命任务呢？这就是中国式现代化。

中国式现代化是我们党团结带领全国各族人民开创和形成的。我们党的初心和使命，是为中国人民谋幸福、为中华民族谋复兴。党成立100多年来所进行的一切奋斗，目的就是把我国建设成为社会主义现代化强国、实现中华民族伟大复兴。在这个过程中，我们党对建设社会主义现代化国家在认识上不断深入、在战略上不断成熟、在实践上不断丰富，走出了一条中国式现代化的新道路。在社会主义革命和建设时期，我们党提出努力把我国逐步建设成为一个具有现代农业、现代工业、现代国防和现代科学技术的社会主义强国目标。改革开放和社会主义现代化建设新时期，我们党提出"中国式的现代化"论断，制定了到21世纪中叶分三步走、基本实现社会主义现代化的发展战略。我们党扭住确定的发展战略和奋斗目标，一茬接着一茬干，一棒接着一棒跑，社会主义现代化建设取得巨大成就。在新中国成立特别是改革开放以来长期探索和实践基础上，经过党的十八大以来在理论和实践上的创新突破，我们党成功推进和拓展了中国式现代化。

中国式现代化创造了人类文明新形态。世界上既不存在定于一尊的现代化模式，也不存在放之四海而皆准的现代化标准。中国式现代化是中国共产党领导的社会主义现代化，既有各国现代化的共同特征，更有基于自己国情的中国特色。

中国式现代化具有五个方面的中国特色。第一，中国式现代化是人口规模巨大的现代化。我国 14 亿多人口整体迈进现代化社会，其规模超过现有发达国家人口的总和，将彻底改写现代化的世界版图，在人类历史上是一件具有深远影响的大事。中国式现代化其艰巨性和复杂性前所未有，发展途径和推进方式也必然具有自己的特点。第二，中国式现代化是全体人民共同富裕的现代化。共同富裕是中国特色社会主义的本质要求，也是一个长期的历史过程。中国式现代化坚持以人民为中心的发展思想，自觉主动解决地区差距、城乡差距、收入分配差距，促进社会公平正义，逐步实现全体人民共同富裕，坚决防止两极分化。第三，中国式现代化是物质文明和精神文明相协调的现代化。物质富足、精神富有是社会主义现代化的根本要求。物质贫困不是社会主义，精神贫乏也不是社会主义。我们说的共同富裕是全体人民共同富裕，是人民群众物质生活和精神生活都富裕，不是少数人的富裕，也不是整齐划一的平均主义。中国式现代化坚持社会主义核心价值观，加强理想信念教育，弘扬中华优秀传统文化，增强人民精神力量，促进物的全面丰富和人的全面发展。第四，中国式现代化是人与自然和谐共生的现代化。人与自然是生命共同体。我们坚持可持续发展，坚持节约优先、保护优先、自然恢复为主的方针，像保护眼睛一样保护自然和生态环境，坚定不移走生产发展、生活富裕、生态良好的文明发展道路，实现中华民族永续发展。第五，中国式现代化是走和平发展道路的现代化。我国不走一些国家通过战争、殖民、掠夺等方式实现现代化的老路，那种损人利己、充满血腥罪恶的老路给广大发展中国家人民带来深重苦难。我们坚定站在历史正确的一边、站在人类文明进步的一边，高举和平、发展、合作、共赢旗帜，在坚定维护世界和平与发展中谋求自身发展，又以自身发展更好维护世界和平与发展。

中国式现代化既切合中国实际，体现了社会主义建设规律，也体现了人类社会发展规律。中国式现代化破解了人类社会发展的诸多难题，摒弃了西方以资本为中心的现代化、两极分化的现代化、物质主义膨胀的现代化、对外扩张掠夺的现代化老路，拓展了发展中国家走向现代化的途径，为人类对更好社会制度的探索提供了中国智慧和中国方案。

深刻理解中国式现代化的本质要求

中国式现代化具有自己的本质要求。这个本质要求有九个方面，这就是：坚持中国共产党领导，坚持中国特色社会主义，实现高质量发展，发展全过程人民民主，丰富人民精神世界，实现全体人民共同富裕，促进人与自然和谐共生，推动构建人类命运共同体，创造人类文明新形态。

坚持中国共产党领导是对中国式现代化领导力量的本质要求，这是最根本、最重要的一条，彰显领导优势，起政治保证作用。习近平总书记明确指出，"中国特色社会主义最本质的特征是中国共产党领导，中国特色社会主义制度的最大优势是中国共产党领导，中国共产党是最高政治领导力量"。坚持中国特色社会主义是对中国式现代化社会制度的本质要求，彰显制度优势，起方向引领作用。实现高质量发展是对中国式现代化经济建设的本质要求。发展全过程人民民主是对中国式现代化政治建设的本质要求。丰富人民精神世界是对中国式现代化文化建设的本质要求。实现全体人民共同富裕是对中国式现代化社会建设的本质要求。促进人与自然和谐共生是对中国式现代化生态文明建设的本质要求。推动构建人类命运共同体是中国式现代化对外交往的本质要求。创造人类文明新形态是中国式现代化对文明形态的本质要求。

中国式现代化就其内涵而言是新的，不是旧的，是基于中国的国情自己走出来、探索出来的，而不是模仿别人、照抄外国、照搬西方的。中国式现代化的本质要求是，领导力量＋社会制度＋"五位一体"总体布局的五大建设＋对外交往＋文明形态，是对我国社会主义现代化建设长期探索和实践的科学总结，是党的现代化理论系统集成的重大创新，是对世界现代化理论的重大丰富和发展。

中国式现代化的目标是全面建成社会主义现代化强国。党的十九大对全面建成社会主义现代化强国作出了战略部署，总的战略安排是分两个阶段：从 2020 年到 2035 年基本实现社会主义现代化；从 2035 年到本世纪中叶把我国建成富强民主文明和谐美丽的社会主义现代化强国。党的二十大对全面建成社会主义现代化强国"两步走"战略安排进行宏观展望，重点部署未来五年的战略任务和重大举措。未来五年是全面建设社会主义现代化国家开局起步的关键时期。党的二十大确定的主要目标任务是：经济高质量发展取得新突破，科技自立自强能力显著提升，构建新发展格局和建设现代化经济体系取得重大进展；改革开放迈出新步伐，国家治理体系和治理能力现代化深入推进，社会主义市场经济体制更加完善，更高水平开放型经济新体制基本形成；全过程人民民主制度化、规范化、程序化水平进一步提高，中国特色社会主义法治体系更加完善；人民精神文化生活更加丰富，中华民族凝聚力和中华文化影响力不断增强；居民收入增长和经济增长基本同步，劳动报酬提高与劳动生产率提高基本同步，基本公共服务均等化水平明显提升，多层次社会保障体系更加健全；城乡人居环境明显改善，美丽中国建设成效显著；国家安全更为巩固，建军一百年奋斗目标如期实现，平安中国建设扎实推进；中国国际地位和影响进一步提高，在全球治理中发挥更大作用。搞好未来五年的发展对于实现第二个百年奋斗目标至关重要。未来五年，要紧紧抓住解决不平衡不充分的发展问题，着力在补短板、强弱项、固底板、扬优势上下功夫。

深刻理解中国式现代化的重大原则

全面建设社会主义现代化国家任重而道远。当前，世界百年未有之大变局加速演进，新一轮科技革命和产业变革深入发展，国际力量对比深刻调整，我国发展面临新的战略机遇。同时，世纪疫情影响深远，逆全球化思潮抬头，单边主义、保护主义明显上升，世界经济复苏乏力，局部冲突和动荡频发，全球性问题加剧，世界进入新的动荡变革期。我国改革发展稳定面临不少深层次矛盾躲不开、绕不过，党的建设特别是党风廉政建设和反腐败斗争面临不少顽固性、多发性问题，来自外部的打压遏制随时可能升级。我国发展进入战略机遇和风险挑战并存、不确定难预料因素增多的时期，各种"黑天鹅""灰犀牛"事件随时可能发生。我们必须增强忧患意识，坚持底线思维，做到居安思危、未雨绸缪，准备经受风高浪急甚至惊涛骇浪的重大考验。

在前进的道路上，推进中国式现代化，总结历史和现实经验，遵循客观发展规律，我们必须牢牢把握五个重大原则：一是坚持和加强党的全面领导，二是坚持中国特色社会主义道路，三是坚持以人民为中心的发展思想，四是坚持深化改革开放，五是坚持发扬斗争精神。

坚持和加强党的全面领导强调的是领导力量问题。我们要坚决维护党中央权威和集中统一领导，把党的领导落实到党和国家事业各领域各方面各环节，使党始终成为风雨来袭时全体人民最可靠的主心骨，确保我国社会主义现代化建设正确方向，确保拥有团结奋斗的强大政治凝聚力、发展自信心，集聚起万众一心、共克时艰的磅礴力量。

坚持中国特色社会主义道路强调的是前进方向问题。我们要坚持以经济建设为中心，坚持四项基本原则，坚持改革开放，坚持独立自主、自力更生，坚持道不变、志不改，既不走封闭僵化的老路，也不走改旗易帜的邪路，坚持把国家和民族发展放在自己力量的基点上，坚持把中国发展进步的命运牢牢掌握在自己手中。

坚持以人民为中心的发展思想强调的是发展目的问题。我们要维护人民根本利益，增进民生福祉，不断实现发展为了人民、发展依靠人民、发展成果由人民共享，让现代化建设成果更多更公平惠及全体人民。

坚持深化改革开放强调的是发展动力问题。我们要深入推进改革创新，坚定不移扩大开放，着力破解深层次体制机制障碍，不断彰显中国特色社会主义制度优势，不断增强社会主义现代化建设的动力和活力，把我国制度优势更好转化为国家治理效能。

坚持发扬斗争精神强调的是方式手段问题。我们要增强全党全国各族人民的志气、骨气、底气，不信邪、不怕鬼、不怕压，知难而进、迎难而上，统筹发展和安全，全力战胜前进道路上各种困难和挑战，依靠顽强斗争打开事业发展新天地。

总之，党的二十大报告关于中国式现代化的中国特色、本质要求和重大原则的重要论述，充满自信自立自强的理论气度，把我们党对现代化建设规律的认识提升到一个新的高度。中国式现代化扎根中国大地、传承中华文明、切合中国实际、独具中国特色，集中体现我们党的宗旨使命，深刻反映社会主义本质，打破了现代化就是西方化的迷思，为人类实现现代化提供了全新选择。历史和现实雄辩地证明，中国式现代化道路不仅走得对、走得通，而且一定能走得好、走得远，不仅是一条发展中国自身、实现中华民族伟大复兴的光明大道，更是一条造福世界各国、书写人类社会发展新篇章的人间正道。我们要更加紧密地团结在以习近平同志为核心的党中央周围，深刻领悟"两个确立"的决定性意义，增强"四个意识"、坚定"四个自信"、做到"两个维护"，紧紧扭住新时代新征程党的中心任务，集中精力、心无旁骛，排除一切干扰，风雨无阻向前行，以更加强烈的历史主动精神继续推进和拓展中国式现代化，不断夺取全面建设社会主义现代化国家新胜利。

（原载《学习时报》2022 年 11 月 4 日）

坚定"四个自信" 奋力谱写全面建设社会主义现代化国家崭新篇章

从党的十八大开始，中国特色社会主义进入新时代。以习近平同志为核心的党中央，高举中国特色社会主义伟大旗帜，坚持以习近平新时代中国特色社会主义思想为指导，坚定中国特色社会主义道路自信、理论自信、制度自信、文化自信，采取一系列战略性举措，推进一系列变革性实践，实现一系列突破性进展，取得一系列标志性成果，攻克了许多长期没有解决的难题，办成了许多事关长远的大事要事，经受住了来自政治、经济、意识形态、自然界等方面的风险挑战考验，党和国家事业取得历史性成就、发生历史性变革，谱写了在党史、新中国史、改革开放史、社会主义发展史、中华民族发展史上具有里程碑意义的伟大史诗。

党带领人民坚定道路自信，以奋发有为的精神把新时代中国特色社会主义推向前进，中华民族迎来了从站起来、富起来到强起来的伟大飞跃

方向决定道路，道路决定命运。习近平总书记强调："要深刻领悟中国特色社会主义道路的正确性，坚定不移走中国特色社会主义这条唯一正确的道路。"中国有着独特的文化传统、历史命运、现实国情，这注定了中国必然要走适合自己特点的发展道路。党的百年奋斗历程深刻昭示，中国特色社会主义是实现中华民族伟大复兴的唯一正确道路。

1840年鸦片战争以后，由于西方列强入侵和封建统治腐败，中国逐步成为半殖民地半封建社会，国家蒙辱、人民蒙难、文明蒙尘，中华民族面临着前所未有的民族危机，遭受了前所未有的民族劫难。为了拯救民族危亡，中国人民奋起反抗，仁人志士奔走呐喊，各种救国方案轮番出台，但都以失败而告终。孙中山领导的辛亥革命推翻了统治中国几千年

的君主专制制度，但未能改变中国半殖民地半封建的社会性质和中国人民的悲惨命运。十月革命一声炮响，给中国送来了马克思列宁主义，中国先进分子从中看到了解决中国问题的出路。在中国人民和中华民族的伟大觉醒中，在马克思列宁主义同中国工人运动的紧密结合中，中国共产党应运而生。党一成立就担当起领导中国人民实现中华民族伟大复兴的使命。新民主主义革命时期，党带领人民推翻帝国主义、封建主义、官僚资本主义三座大山，建立了人民当家作主的中华人民共和国，实现了民族独立、人民解放，为实现中华民族伟大复兴创造了根本社会条件。社会主义革命和建设时期，党带领人民完成社会主义革命，消灭一切剥削制度，实现了中华民族有史以来最为广泛而深刻的社会变革，实现了一穷二白、人口众多的东方大国大步迈进社会主义社会的伟大飞跃，为实现中华民族伟大复兴奠定了根本政治前提和制度基础。改革开放和社会主义现代化建设新时期，党带领人民实现新中国成立以来党的历史上具有深远意义的伟大转折，确立党在社会主义初级阶段的基本路线，坚定不移推进改革开放，战胜来自各方面的风险挑战，开创、坚持、捍卫、发展中国特色社会主义，为实现中华民族伟大复兴提供了充满新的活力的体制保证和快速发展的物质条件。

从党的十八大开始，中国特色社会主义进入新时代，以习近平同志为核心的党中央统筹中华民族伟大复兴战略全局和世界百年未有之大变局，准确把握中国特色社会主义的新的历史方位，深刻洞察我国社会主要矛盾发生的新变化，科学回答当今时代和当代中国发展提出的一系列重大理论和实践问题，坚持和发展中国特色社会主义，使中国特色社会主义焕发出强大生机活力。在新中国成立特别是改革开放以来的长期探索和实践基础上，经过党的十八大以来在理论和实践上的创新突破，我们成功推进和拓展了中国式现代化，为实现中华民族伟大复兴提供了更为完善的制度保证、更为坚实的物质基础、更为主动的精神力量，续写了经济快速发展和社会长期稳定"两大奇迹"。据统计，2012 年以来，我国经济增速达年均 6.5%，连续多年在世界主要经济体中位居前列，成为世界经济增长的主要贡献国。我国经济总量由 2012 年的 53.9 万亿元上升到 2021 年的 114.4 万亿元，占世界经济比重从 11.4% 上升到 18% 以上，人均国内生产总值从 6300 美元上升到超过 1.2 万美元。我国全球创新指数排名从 2012 年的第 34 位提升到 2021 年的第 12 位，在一些重要领域实现了很多历史性跨越。

历史和现实都证明，中国特色社会主义道路是一条符合中国国情的正确道路，是实现社会主义现代化、创造人民美好生活的必由之路，是实现中华民族伟大复兴的康庄大道。脚踏中华大地，传承中华文明，我们走自己的路，具有无比广阔的舞台，具有无比深厚的历史底蕴，具有无比强大的前进定力。

新时代新征程，必须高举中国特色社会主义伟大旗帜，始终不渝走中国特色社会主义道路，坚持党的基本理论、基本路线、基本方略，保持战略定力，不为任何风险所惧，不为任何干扰所惑，既不走封闭僵化的老路，也不走改旗易帜的邪路，以中国式现代化推进中华民族伟大复兴，不断为人类作出新的更大贡献。

党带领人民坚定理论自信，坚持把马克思主义基本原理同中国具体实际相结合、同中华优秀传统文化相结合，创立了习近平新时代中国特色社会主义思想，实现了马克思主义中国化时代化新的飞跃

理论自信是对马克思主义理论特别是中国特色社会主义理论体系的科学性、真理性的自信。习近平总书记深刻指出："中国共产党为什么能，中国特色社会主义为什么好，归根到底是因为马克思主义行。马克思主义之所以行，就在于党不断推进马克思主义中国化时代化并用以指导实践。"纵观世界政党发展史，没有哪一个政党像中国共产党这样如此重视理论创新，在实践基础上创造出如此丰富系统的科学理论，推动中华民族迎来了从站起来、富起来到强起来的伟大飞跃。这是我们理直气壮地坚定理论自信的坚实基础。

回首百年，我们党坚持解放思想和实事求是相统一、培元固本和守正创新相统一，坚持把马克思主义基本原理同中国具体实际相结合、同中华优秀传统文化相结合，不断开辟

马克思主义新境界，创立了毛泽东思想，实现了马克思主义中国化的第一次历史性飞跃；创立了邓小平理论，形成了"三个代表"重要思想、科学发展观，形成中国特色社会主义理论体系，实现了马克思主义中国化新的飞跃。

党的十八大以来，国内外形势新变化和实践新发展，向我们党提出了一系列重大理论和实践问题。以习近平同志为主要代表的中国共产党人，坚持把马克思主义基本原理同中国具体实际相结合、同中华优秀传统文化相结合，坚持毛泽东思想、邓小平理论、"三个代表"重要思想、科学发展观，深刻总结并充分运用党成立以来的历史经验，从新的实际出发，创立了习近平新时代中国特色社会主义思想，实现了马克思主义中国化时代化新的飞跃。在这一重要理论的形成过程中，习近平总书记以马克思主义政治家、思想家、战略家的历史主动精神、非凡理论勇气、卓越政治智慧、强烈使命担当，以"我将无我，不负人民"的赤子情怀，进行了新的具有开拓性意义的理论创造，为这一思想的创立发挥了决定性作用、作出了决定性贡献。习近平新时代中国特色社会主义思想以一系列原创性的治国理政新理念新思想新战略，深刻回答了新时代坚持和发展什么样的中国特色社会主义、怎样坚持和发展中国特色社会主义，建设什么样的社会主义现代化强国、怎样建设社会主义现代化强国，建设什么样的长期执政的马克思主义政党、怎样建设长期执政的马克思主义政党等重大时代课题，以全新视野深化了对共产党执政规律、社会主义建设规律、人类社会发展规律的认识，科学回答了中国之问、世界之问、人民之问、时代之问，为丰富发展马克思主义作出了原创性贡献，为新时代党和国家事业不断向前发展、实现中华民族伟大复兴提供了科学指南。

历史和现实都证明，中国共产党的历史，就是一部不断推进马克思主义中国化的历史，就是一部不断推进理论创新、进行理论创造的历史。新时代十年来党和国家事业取得的历史性成就、发生的历史性变革，根本在于以习近平同志为核心的党中央的坚强领导，根本在于习近平新时代中国特色社会主义思想的科学指引。历史和现实启示我们，只要勇于结合新的实践不断推进理论创新、善于用新的理论指导新的实践，就一定能够让马克思主义在中国大地上展现出更强大、更有说服力的真理力量。

新时代新征程，必须坚持把学习习近平新时代中国特色社会主义思想作为首要政治任务，把握好习近平新时代中国特色社会主义思想的世界观和方法论，坚持好、运用好贯穿其中的立场观点方法，在新时代伟大实践中不断开辟马克思主义中国化时代化新境界。要深刻认识和领会习近平新时代中国特色社会主义思想的时代意义、理论意义、实践意义、世界意义，深刻理解其核心要义、精神实质、丰富内涵、实践要求，深刻把握这一思想的历史逻辑、理论逻辑、实践逻辑，在学懂弄通做实上下功夫。要更好把坚持马克思主义和发展马克思主义统一起来，坚持用马克思主义之"矢"去射新时代中国之"的"，继续推进马克思主义基本原理同中国具体实际相结合、同中华优秀传统文化相结合，使马克思主义呈现出更多中国特色、中国风格、中国气派，续写马克思主义中国化时代化新篇章。

党带领人民坚定制度自信，坚持和完善中国特色社会主义制度，推进国家治理体系和治理能力现代化，国家制度和治理体系建设迈出新的重大步伐

经国序民，正其制度。当今世界，国与国之间的各种竞

争，在很大程度上集中体现为制度的竞争。一个国家选择什么样的制度和治理体系，是由这个国家的历史传承、文化传统、经济发展水平决定的。只有扎根本国土壤、汲取充沛养分的制度，才最可靠，也最管用。习近平总书记指出："我们要坚信，中国特色社会主义制度是当代中国发展进步的根本制度保障，是具有鲜明中国特色、明显制度优势、强大自我完善能力的先进制度。"中国特色社会主义制度之所以行得通、有生命力、有效率，就是因为它是从中国的社会土壤中生长起来的。我们的制度自信，奠基于960多万平方公里的广袤土地，来源于5000多年悠久灿烂的文明传承，根植于14亿多人民发自内心的自觉认同。

悠悠百年党史，我们党把开拓正确道路、发展科学理论和建设有效制度结合起来，不断深化对社会发展规律的认识，及时把成功经验转化为制度成果，既坚持了科学社会主义基本原则，又根据时代条件赋予其鲜明的中国特色，从而确保了我们的制度和治理体系契合国情，充满生机活力。这是我国国家制度和国家治理体系之所以优越的重要原因。党从成立之日起，就把建立社会主义制度作为矢志不渝的追求。在长期革命实践中，我们党在局部执政的革命根据地，对建立适合国情的社会制度进行了积极探索，为建立新型国家制度积累了宝贵经验。新中国的成立，社会主义基本制度的确立，从国体、政体以及各方面立起了国家制度体系的"四梁八柱"。改革开放后，我们党在总结制度建设正反两方面经验的基础上，把社会主义制度的"一般性"同中国国情的"特殊性"相结合，立破并举、正本清源，形成了一整套具有中国特色的社会主义制度。

党的十八大以来，我国内外环境发生深刻变化，对制度改革提出新要求。以习近平同志为核心的党中央以坚持和完善中国特色社会主义制度、推进国家治理体系和治理能力建设为主轴，继续深化各领域各方面体制机制改革，不断在制度建设和治理能力建设上迈出新的重大步伐。2013年11月，党的十八届三中全会通过《中共中央关于全面深化改革若干重大问题的决定》，明确了制度建设的任务书和着力点；2019年10月，党的十九届四中全会通过《中共中央关于坚持和完善中国特色社会主义制度、推进国家治理体系和治理能力现代化若干重大问题的决定》，系统梳理和集成升华了党和国家各方面的制度，描绘了坚持和完善中国特色社会主义制度的宏伟蓝图。在以习近平同志为核心的党中央坚强领导下，国家治理体系和治理能力现代化向纵深发展，实现了由局部探索、破冰突围到系统集成、全面深化的历史性转变，基本确立了各领域的基础制度框架，实现了历史性变革、系统性重塑、整体性重构，推动中国特色社会主义制度更加完善、国家治理体系和治理能力现代化水平明显提高，为政治稳定、经济发展、文化繁荣、民族团结、人民幸福、社会安宁、国家统一提供了有力保障。

历史和现实都证明，中国特色社会主义制度和国家治理体系是以马克思主义为指导、植根中国大地、具有深厚中华文化根基、深得人民拥护的制度和治理体系，是具有强大生命力和巨大优越性的制度和治理体系，是能够持续推动拥有14亿多人口大国进步和发展、确保拥有5000多年文明史的中华民族实现伟大复兴的制度和治理体系。

新时代新征程，百年变局和世纪疫情相互叠加，世界进入新的动荡变革期，不同社会制度、发展模式的竞争较量更为尖锐复杂，中华民族伟大复兴到了关键阶段，全面建设社会主义现代化国家的任务更为艰巨繁重。只有继续高举中国特色社会主义伟大旗帜，不断推进国家治理体系和治理能力现代化，才能为战胜风险挑战、完成历史任务提供制度支撑，开辟"中国之治"的新境界。

党带领人民坚定文化自信，正本清源、守正创新，推动社会主义文化繁荣兴盛，全社会凝聚力、向心力极大提升，为新时代开创党和国家事业新局面提供坚强思想保证和强大精神力量

文化自信是一个民族、一个国家、一个政党对自身文化理想、文化价值的高度信心，对自身文化生命力、创造力的高度信心。习近平总书记指出："中国有坚定的道路自信、理论自信、制度自信，其本质是建立在 5000 多年文明传承基础上的文化自信。"坚定中国特色社会主义道路自信、理论自信、制度自信，说到底是要坚定文化自信。

中国特色社会主义文化积淀着中华民族最深沉的精神追求，代表着中华民族独特的精神标识，是激励全党全国各族人民奋勇前进的强大精神力量。这一文化，源自于中华民族5000 多年文明历史所孕育的中华优秀传统文化，熔铸于党领导人民在革命、建设、改革中创造的革命文化和社会主义先

进文化，植根于中国特色社会主义伟大实践。我们的文化自信从历史传承中来、从革命奋斗中来、从改革创新中来。中华文化博大精深、源远流长，为中华民族生生不息、薪火相传提供了丰富精神滋养。革命文化和社会主义先进文化是在长期艰苦奋斗中不断淬炼的文化精华。100多年来，中国共产党弘扬伟大建党精神，在长期奋斗中构建起中国共产党人的精神谱系，是推动革命、建设、改革事业从胜利走向胜利的强大精神动力。

党的十八大以来，以习近平同志为核心的党中央紧紧围绕建设社会主义文化强国的战略目标，以高度的文化自信、文化自觉、文化担当，深刻回答新的历史条件下文化建设中具有方向性、全局性、战略性的重大问题，对文化建设作出全面安排、提出明确要求，形成了全面系统、科学完整的工作体系和工作框架。党中央指出意识形态工作是为国家立心、为民族立魂的工作，文化自信是更基础、更广泛、更深厚的自信；强调必须坚持以人民为中心的工作导向，建设具有强大凝聚力和引领力的社会主义意识形态，建设社会主义文化强国，更好构筑中国精神、中国价值、中国力量，巩固全党全国各族人民团结奋斗的共同思想基础。党中央着力解决意识形态领域党的领导弱化问题，旗帜鲜明反对和抵制各种错误观点；从正本清源入手加强宣传思想工作，廓清了理论是非，校正了工作导向；推动用党的创新理论武装全党、教育人民、指导实践，提高新闻舆论传播力、引导力、影响力、公信力，依法管网治网，营造清朗的网络空间；坚持以社会主义核心价值观引领文化建设，开展一系列重大庆祝和纪念活动，在全社会唱响了主旋律、弘扬了正能量；推进文化事业和文化产业全面发展，推动中华优秀传统文化创造性转化、创新性发展；加快国际传播能力建设，促进人类文明交流互鉴；等等。我国文化建设在正本清源、守正创新中取得历史性成就、发生历史性变革，为新时代坚持和发展中国特色社会主义、开创党和国家事业全新局面提供了强大正能量。我们比历史上任何时期都更加坚定文化自信，更有信心更有能力铸就中华文化新辉煌。

历史和现实都证明，文化是一个国家、一个民族的灵魂。文化自信是一个国家、一个民族发展中更基本、更深沉、更持久的力量。一个民族要实现复兴，既需要强大的物质力量，也需要强大的精神力量。没有高度文化自信、没有文化繁荣兴盛就没有社会主义现代化，就没有中华民族的伟大复兴。

新时代新征程，我们要把文化建设放在全局工作的突出位置，切实抓紧抓好。要坚持马克思主义在意识形态领域的指导地位，坚守中华文化立场，坚持以社会主义核心价值观引领文化建设，紧紧围绕举旗帜、聚民心、育新人、兴文化、展形象的使命任务，加强社会主义精神文明建设，繁荣发展文化事业和文化产业，不断提高国家文化软实力，增强中华文化影响力，发挥文化引领风尚、教育人民、服务社会、推动发展的作用。

习近平总书记指出："当今世界，要说哪个政党、哪个国家、哪个民族能够自信的话，那中国共产党、中华人民共和国、中华民族是最有理由自信的。"中国特色社会主义道路、理论、制度、文化，是经过全党全国各族人民长期奋斗取得的，也是经过长期实践检验的科学的产物。我们的道路自信、理论自信、制度自信、文化自信，来源于实践、来源于人民、来源于真理。前进道路上，我们要进一步坚定"四个自信"，毫无畏惧面对一切困难和挑战，坚定不移开辟新天地、创造新奇迹，满怀信心奋进新征程、建功新时代。

（原载《瞭望》2022 年第 38 期）

深刻理解新发展阶段

进入新发展阶段，是以习近平同志为核心的党中央统筹中华民族伟大复兴战略全局和世界百年未有之大变局，作出的一个重大战略判断。认真学习领会习近平总书记有关重要论述，对于全面建设社会主义现代化国家、实现第二个百年奋斗目标、实现中华民族伟大复兴的中国梦，具有重大现实意义和深远历史意义。

正确认识新发展阶段的历史方位

新发展阶段是一个什么样的阶段？这是深刻理解和把握这一重大战略判断的首要前提。习近平总书记明确指出："党的十九届五中全会提出，全面建成小康社会、实现第一个百年奋斗目标之后，我们要乘势而上开启全面建设社会主义现代化国家新征程、向第二个百年奋斗目标进军，这标志着我国进入了一个新发展阶段。"习近平总书记的重要论述，给予新发展阶段明确定位，赋予其科学内涵。这就是，新发展阶段不是什么别的阶段，而是全面建设社会主义现代化国家、向第二个百年奋斗目标进军的阶段。这是我国经济社会发展中的一个新的历史方位，在我国发展进程中具有里程碑意义。

在历史的长河中拉开视野，能够更好认识和把握新发展阶段的历史方位。习近平总书记多次指出："实现中华民族伟大复兴，是近代以来中国人民最伟大的梦想。"中国曾经是世界上的经济强国，后来在世界工业革命如火如荼、人类社会发生深刻变革的时期，丧失了与世界同进步的历史机遇，落到了被动挨打的境地。尤其是鸦片战争以后，由于外国列强的入侵和封建统治的腐朽，中国逐步成为一个半殖民地半封建的社会，国家蒙辱、人民蒙难、文明蒙尘。但是，也就是从那时起，中国人民和无数仁人志士不屈不挠，奋起抗争，苦苦寻求中国的现代化之路。辛亥革命后，民主革命先驱孙中山曾撰写《建国方略》，被称为近代中国谋求现代化的第一份蓝图。那时还有许多先进的中国人提出了"实业救国""教育救国""科学救国"的主张。然而在半殖民地半封建社会的条件下，中国现代化没有也不可能取得成功。

1921年中国共产党诞生了，这是开天辟地的大事变。从此，中国人民求解放、谋发展就有了主心骨。100多年来，中国共产党团结带领中国人民进行的一切奋斗、一切牺牲、一切创造，就是为了把我国建设成为现代化强国，实现中华民族伟大复兴。

新民主主义革命的胜利，社会主义基本制度的确立，为当代中国一切发展进步奠定了根本政治前提和制度基础。1954年，我们党在第一届全国人民代表大会上提出了建设强大的现代化的工业、现代化的农业、现代化的交通运输业和现代化的国防的目标。1964年，周恩来在第三届全国人民代表大会上再次提出全面实现农业、工业、国防和科学技术的现代化的目标。在党的坚强领导下，在社会主义革命和建设时期，在旧中国一穷二白的基础上，我国建立起独立的比较完整的工业体系和国民经济体系，社会主义建设事业迈出坚实步伐。改革开放以后，我们党提出了"三步走"发展战略。进入21世纪，在人民生活总体上达到小康水平之后，党又提出，到建党 100 年时全面建成惠及十几亿人口的更高水平的小康社会，到新中国成立 100 年时基本实现现代化，把我国建成社会主义现代化国家。

党的十八大以来，中华民族迎来了从站起来、富起来到强起来的伟大飞跃。党的十九大站在新的更高的历史起点上，对实现第二个百年奋斗目标作出分两个阶段推进的战略安排，提出到 2035 年基本实现社会主义现代化，到本世纪中叶把我国建成富强民主文明和谐美丽的社会主义现代化强国。新发展阶段，就是全面建成小康社会、实现第一个百年奋斗目标后，开启的全面建设社会主义现代化国家新征程、向第二个百年奋斗目标进军的阶段。

正确认识新发展阶段的坚实基础

新发展阶段是如何形成的？它形成的物质基础是什么？习近平总书记指出，"经过新中国成立以来特别是改革开放 40 多年的不懈奋斗，到'十三五'规划收官之时，我国经济实力、科技实力、综合国力和人民生活水平跃上了新的大台阶"，"特别是全面建成小康社会取得伟大历史成果，解决困扰中华民族几千年的绝对贫困问题取得历史性成就。这在我国社会主义现代化建设进程中具有里程碑意义，为我国进入新发展阶段、朝着第二个百年奋斗目标进军奠定了坚实基础"。历史唯物主义认为，物质生产的发展是整个社会生活以及整个现实历史的基础。新发展阶段的提出不是随意的，不是偶然的，而是有重要现实依据，这个依据就是"我们已经拥有开启新征程、实现新的更高目标的雄厚物质基础"。

全面建成小康社会，是我们党确定的第一个百年奋斗目标。脱贫攻坚是全面建成小康社会的底线任务和标志性指标，只有打赢脱贫攻坚战，才能确保全面建成小康社会、实现第一个百年奋斗目标。党的十八大以来，以习近平同志为核心的党中央团结带领全党全国各族人民，上下同心、尽锐出战，攻克坚中之坚、解决难中之难，组织实施了人类历史上规模最大、力度最强的脱贫攻坚战，全国832个贫困县全部摘帽，12.8万个贫困村全部出列，9899万农村贫困人口实现脱贫，提前10年实现联合国2030年可持续发展议程减贫目标，历史性地解决了绝对贫困问题，创造了人类减贫史上的奇迹。

经过长期努力奋斗，我国成为世界第二大经济体、第一大工业国、第一大货物贸易国、第一大外汇储备国，国内生产总值超过 100 万亿元，人均国内生产总值超过 1 万美元，常住人口城镇化率超过 60%，中等收入群体超过 4 亿人。我国建成了世界上规模最大的社会保障体系，超过 10 亿人拥有基本养老保险，超过 13 亿人拥有基本医疗保险。

如期全面建成小康社会、打赢脱贫攻坚战，使中华民族伟大复兴向前迈出新的一大步，实现了从大幅落后于时代到大踏步赶上时代的新跨越，也为开启全面建设社会主义现代化国家新征程积蓄了强大势能，为我国朝着第二个百年奋斗目标进军奠定了坚实基础。

正确认识新发展阶段的奋斗目标

新发展阶段承担着什么样的历史任务？要实现什么样的奋斗目标？习近平总书记指出："新中国成立不久，我们党就提出建设社会主义现代化国家的目标，经过 13 个五年规划（计划），我们已经为实现这个目标奠定了坚实基础，未来 30 年将是我们完成这个历史宏愿的新发展阶段。我们已经明确了未来发展的路线图和时间表。这就是，到 2035 年，用 3 个五年规划期，基本实现社会主义现代化。然后，再用 3 个五年规划期，到本世纪中叶，把我国建成富强民主文明和谐美丽的社会主义现代化强国。"

对于"基本实现社会主义现代化"的具体内涵，党的十九大报告作了擘画和描绘。这就是，到 2035 年，我国经济实力、科技实力将大幅跃升，跻身创新型国家前列；人民平等参与、平等发展权利得到充分保障，法治国家、法治政府、法治社会基本建成，各方面制度更加完善，国家治理体系和治理能力现代化基本实现；社会文明程度达到新的高度，国家文化软实力显著增强，中华文化影响更加广泛深入；人民生活更为宽裕，中等收入群体比例明显提高，城乡区域发展差距和居民生活水平差距显著缩小，基本公共服务均等化基本实现，全体人民共同富裕迈出坚实步伐；现代社会治理格局基本形成，社会充满活力又和谐有序；生态环境根本好转，美丽中国目标基本实现。

对于"建成社会主义现代化强国"的具体内涵，党的十九大报告同样作了擘画和描绘。这就是，到本世纪中叶，我国物质文明、政治文明、精神文明、社会文明、生态文明将全面提升，实现国家治理体系和治理能力现代化，成为综合国力和国际影响力领先的国家，全体人民共同富裕基本实现，我国人民将享有更加幸福安康的生活，中华民族将以更加昂扬的姿态屹立于世界民族之林。

以上两个分阶段的历史任务，就是新发展阶段的奋斗目标。党的二十大将科学谋划未来五年乃至更长时期党和国家事业发展目标任务和大政方针，对全面建设社会主义现代化国家、实现第二个百年奋斗目标至关重要。

正确认识新发展阶段与社会主义初级阶段的关系

新发展阶段与社会主义初级阶段是什么关系？习近平总书记指出："今天我们所处的新发展阶段，就是社会主义初级阶段中的一个阶段，同时是其中经过几十年积累、站到了新的起点上的一个阶段。"对新发展阶段与社会主义初级阶段的关系，习近平总书记是从两个方面来论述的。一方面，指出了新发展阶段是社会主义初级阶段中的一个阶段。就是说，新发展阶段包含在社会主义初级阶段之内，不是社会主义初级阶段之外的一个什么阶段。另一方面，强调了新发展阶段是经过几十年积累、站到了新的起点上的一个阶段。就是说，对这个问题的认识，不能停留在过去，必须认识把握它的新内涵。如果不是这样看问题，就会犯片面性、绝对化、机械论错误。

提出党在社会主义初级阶段的理论及基本路线，是我们党的一个重大理论创新。党的十三大在以往认识基础上，总结历史经验和改革开放新鲜经验，深刻阐述了社会主义初级阶段的科学内涵，指出这个论断包括两层含义：第一，我国社会已经是社会主义社会。我们必须坚持而不能离开社会主义。第二，我国的社会主义社会还处在初级阶段。我们必须从这个实际出发，而不能超越这个阶段。社会主义初级阶段不是泛指任何国家进入社会主义都会经历的起始阶段，而是特指我国在生产力落后、商品经济不发达条件下建设社会主义必然要经历的特定阶段。在社会主义初级阶段，党和国家的主要任务是发展生产力，推进社会主义现代化建设。新发展阶段，从其历史方位和奋斗目标看，还没有超越社会主义初级阶段的历史范畴，这一点是必须明确的。

同时，也要认识到，社会主义初级阶段不是一个静态、一成不变、停滞不前的阶段，也不是一个自发、被动、不用费多大气力自然而然就可以跨过的阶段，而是一个动态、积极有为、始终洋溢着蓬勃生机活力的过程，是一个阶梯式递进、不断发展进步、日益接近质的飞跃的量的积累和发展变化的过程。毛泽东曾指出："一切事物总是有'边'的。事物的发展是一个阶段接着一个阶段不断地进行的，每一个阶段也是有'边'的。不承认'边'，就是否认质变或部分质变。"

一个大国的发展、一个伟大民族的复兴，是一个长期的历史进程，必然要在阶段性与连续性相统一、量变与质变相承接中一步步接近宏伟目标。全面建设社会主义现代化国家、基本实现社会主义现代化，既是社会主义初级阶段我国发展的要求，也是我国社会主义从初级阶段向更高阶段迈进的要求，必须用辩证的、历史的、发展变化的观点看问题，科学把握新发展阶段与社会主义初级阶段的关系。

正确认识
新发展阶段与新时代的关系

党的十八大以来，中国特色社会主义进入新时代。那么，新发展阶段与新时代是什么关系？党的十九届六中全会通过的《中共中央关于党的百年奋斗重大成就和历史经验的决议》

指出，中国特色社会主义新时代是承前启后、继往开来、在新的历史条件下继续夺取中国特色社会主义伟大胜利的时代，是决胜全面建成小康社会、进而全面建设社会主义现代化强国的时代，是全国各族人民团结奋斗、不断创造美好生活、逐步实现全体人民共同富裕的时代，是全体中华儿女勠力同心、奋力实现中华民族伟大复兴中国梦的时代，是我国不断为人类作出更大贡献的时代。

我们党自成立以来，团结带领中国人民为实现中华民族伟大复兴而奋斗，已经走过了 100 多年的光辉历程。党的百余年的奋斗历程，根据每个历史时期的社会主要矛盾和党面临的主要任务，划分为四个历史时期，即新民主主义革命时期、社会主义革命和建设时期、改革开放和社会主义现代化建设新时期、中国特色社会主义新时代。新时代党面临的主要任务是，实现第一个百年奋斗目标，开启实现第二个百年奋斗目标新征程，朝着实现中华民族伟大复兴的宏伟目标继续前进。中国特色社会主义进入新时代，意味着近代以来久经磨难的中华民族迎来了从站起来、富起来到强起来的伟大飞跃，迎来了实现中华民族伟大复兴的光明前景。

习近平总书记指出："从历史依据来看，新发展阶段是我们党带领人民迎来从站起来、富起来到强起来历史性跨越的新阶段。"新民主主义革命的胜利和新中国的成立，实现了从新民主主义革命到社会主义革命的历史性跨越。社会主义基本制度的确立，社会主义建设的大规模开展，实现了从社会主义革命到社会主义建设的历史性跨越。党带领人民进行改革开放新的伟大革命，成功开辟了中国特色社会主义道路，使中国大踏步赶上时代，实现了社会主义现代化进程中新的历史性跨越。如今，以习近平同志为核心的党中央正带领人民在此前发展的基础上继续前进，续写全面建设社会主义现代化国家新的篇章。

新时代是从党的十八大开始的，新发展阶段是从开启全面建设社会主义现代化国家新征程、向第二个百年奋斗目标进军开始的。新时代与新发展阶段时间长度不同，但要完成的历史任务和要实现的奋斗目标是一致的。

正确认识
新发展阶段与中国式现代化的关系

在新发展阶段推进的现代化是一种什么样的现代化？

习近平总书记指出，"我们的任务是全面建设社会主义现代化国家，当然我们建设的现代化必须是具有中国特色、符合中国实际的"。世界上既不存在定于一尊的现代化模式，也不存在放之四海而皆准的现代化标准。我国所推进的现代化，既有各国现代化的共同特征，更有基于国情的中国特色。在论述这个问题时，习近平总书记特别强调了中国式现代化具有的鲜明特征：人口规模巨大的现代化，全体人民共同富裕的现代化，物质文明和精神文明相协调的现代化，人与自然和谐共生的现代化，走和平发展道路的现代化。

深刻认识中国式现代化的鲜明特征具有重要意义，这是决定我国新发展阶段前进方向和社会性质的问题。我国14亿多人口要整体迈入现代化社会，其规模超过现有发达国家的总和，将彻底改写现代化的世界版图，在人类历史上是一件具有深远影响的大事。共同富裕是中国特色社会主义的本质要求，我国现代化坚持以人民为中心的发展思想，自觉主动解决地区差距、城乡差距、收入分配差距，促进社会公平正义，逐步实现全体人民共同富裕，坚决防止两极分化。我国现代化坚持社会主义核心价值观，加强理想信念教育，弘扬中华优秀传统文化，增强人民精神力量，促进物的全面丰富和人的全面发展。我国现代化注重同步推进物质文明建设和生态文明建设，走生产发展、生活富裕、生态良好的文明发展道路。我国现代化强调同世界各国互利共赢，推动构建人类命运共同体，努力为人类和平与发展作出贡献。

在新发展阶段推进中国式现代化，必须胸怀"国之大者"，对以上五个方面牢记在心。习近平总书记指出："这是我国现代化建设必须坚持的方向，要在我国发展的方针政策、战略战术、政策举措、工作部署中得到体现，推动全党全国各族人民共同为之努力。"

正确认识进入新发展阶段与贯彻新发展理念、构建新发展格局的关系

进入新发展阶段、贯彻新发展理念、构建新发展格局是一个相互联系、相互制约、相互促进的有机整体。新发展阶段是我国社会主义发展进程中的一个重要阶段。新发展理念是党的十八大以来我们党对经济社会发展提出的最重要、最主要的重大理论和理念，回答了关于发展的目的、动力、方式、路径等一系列理论和实践问题，阐明了我们党关于发展

的政治立场、价值导向、发展模式、发展道路等重大政治问题。构建新发展格局是我们党面对国内外形势发展变化提出来的，是事关全局的系统性、深层次变革，是立足当前、着眼长远的战略谋划。全面建设社会主义现代化国家、实现第二个百年奋斗目标，必须准确把握新发展阶段、深入贯彻新发展理念、加快构建新发展格局。

在全面建设社会主义现代化国家新征程中，怎样处理好它们三者之间的关系呢？习近平总书记对此作了深刻阐述："进入新发展阶段、贯彻新发展理念、构建新发展格局，是由我国经济社会发展的理论逻辑、历史逻辑、现实逻辑决定的，三者紧密关联。进入新发展阶段明确了我国发展的历史方位，贯彻新发展理念明确了我国现代化建设的指导原则，构建新发展格局明确了我国经济现代化的路径选择。把握新发展阶段是贯彻新发展理念、构建新发展格局的现实依据，贯彻新发展理念为把握新发展阶段、构建新发展格局提供了行动指南，构建新发展格局则是应对新发展阶段机遇和挑战、贯彻新发展理念的战略选择。"历史方位与现实依据、指导原则与行动指南、路径选择与战略选择，给予进入新发展阶段、贯彻新发展理念、构建新发展格局准确定位。习近平总书记的重要论述，全面系统科学地阐述了三者之间的辩证统一关系，为做好新发展阶段的各项工作提供了根本遵循。

（原载《求是》2022 年第 17 期）

深入领会新时代的历史性成就和
历史性变革

　　历史认知是历史自信的重要基础。对历史进程的认识越全面，对历史规律的把握越深刻，党的历史智慧越丰富，对前途的掌握就越主动。在 2021 年 12 月 27 日至 28 日中共中央政治局召开的党史学习教育专题民主生活会上，习近平总书记这样强调。

　　党的十九届六中全会审议通过的《中共中央关于党的百年奋斗重大成就和历史经验的决议》（以下简称《决议》），是一篇马克思主义的纲领性文献；是新时代中国共产党人牢记初心使命、坚持和发展中国特色社会主义的政治宣言；是以史为鉴、开创未来，实现中华民族伟大复兴的行动指南。

　　《决议》全面总结党的百年奋斗重大成就和历史经验，对推动全党增长智慧、增进团结、增加信心、增强斗志，对认识历史规律、提升历史自觉、掌握历史主动、坚定历史自信，对牢记初心使命、传承红色基因，推动全党进一步统一思想、统一意志、统一行动，团结带领全国各族人民夺取新时代中国特色社会主义伟大胜利，具有极其重大的现实意义和深远的历史意义。

一

《决议》把党的百年奋斗历程明确划分为四个历史时期，即新民主主义革命时期、社会主义革命和建设时期、改革开放和社会主义现代化建设新时期、中国特色社会主义新时代。从各个历史时期所占的篇幅来看，第四部分"开创中国特色社会主义新时代"所用笔墨最多、占篇幅最大，超过《决议》的1/2以上。如果说第一部分"夺取新民主主义革命伟大胜利"、第二部分"完成社会主义革命和推进社会主义建设"、第三部分"进行改革开放和社会主义现代化建设"是党的百年奋斗历程中的"大写意"，第四部分则是党的百年奋斗历程中的"工笔画"。

《决议》为什么要做这样的布局和安排，有什么样的考虑呢?

第一，我们党对前三个时期的历史已经作过系统总结。正如习近平总书记在关于《决议》的说明中指出的那样："对党在新民主主义革命时期、社会主义革命和建设时期、党的十一届三中全会到党的十一届六中全会期间的历史，前两个历史决议已经作过系统总结；对改革开放和社会主义现代化建设新时期的成就和经验，党的十一届三中全会召开二十周年、三十周年时党中央都进行了认真总结，我在庆祝改革开放四十周年大会上发表讲话，也作了系统总结。"对于第一、第二个历史时期，前两个历史决议的总结"其基本论述和结论至今仍然适用"。对于第三个历史时期，党中央进行的认真总结和习近平总书记的系统总结至今仍然具有重要指导意义。

第二，中国特色社会主义新时代是过去和未来的中间环节，一头连着过去，一头连着未来。过去、现在、未来是相通的，今天从昨天走过来，明天从今天走过去。习近平总书记在关于《决议》的说明中强调指出："突出中国特色社会主义新时代这个重点，有利于引导全党进一步坚定信心，聚焦我们正在做的事情，以更加昂扬的姿态迈进新征程、建功新时代。"

第三，感性认识需要及时上升到理性认识。毛泽东曾说过："我们的实践证明：感觉到了的东西，我们不能立刻理解它，只有理解了的东西才更深刻地感觉它。感觉只解决现象问题，理论才解决本质问题。"只有大量地对我们感觉到的东西，加以去粗取精、去伪存真、由此及彼、由表及里的总结、归纳、概括、提炼，进行科学抽象，才能认识事物本质，把握历史规律，增强历史自觉，发扬历史主动精神。中国特色社会主义新时代是党的十八大以来，以习近平同志为核心的党中央团结带领全党全国各族人民开创的。每一个中国人都是这个时代的参与者、见证者、实践者。虽然每个人对于新时代有亲身的感受、切身的经历，但如果不进行系统总结，不及时上升到理性认识的高度，那么这些感受和经历，还只是处在感性的、局部的、不完整的阶段，就难免具有片面性和历史局限性。

《决议》集中全党智慧，发扬民主，集思广益，认真及时盘点、梳理、总结新时代，对于保持过去良好的发展势头，以一往无前的奋斗姿态继续开拓前进，无疑具有极其重要的作用和意义。

二

《决议》中"开创中国特色社会主义新时代"这一部分，回顾了党的十八大以来，以习近平同志为核心的党中央，团结带领全党全国各族人民砥砺奋进的极不平凡历程，充分反映了习近平新时代中国特色社会主义思想与时俱进的最新成果，系统总结了新时代党和国家事业取得的历史性成就、发生的历史性变革。

学习领会《决议》的这部分内容，首先需要理解和把握"两个确立"的决定性意义。《决议》深刻总结党的百年奋斗、党的十八大以来伟大实践，得出了一个重大政治论断，就是"两个确立"。《决议》指出："党确立习近平同志党中央的核心、全党的核心地位，确立习近平新时代中国特色社会主义思想的指导地位，反映了全党全军全国各族人民共同心愿，对新时代党和国家事业发展、对推进中华民族伟大复兴历史进程具有决定性意义。"这一重大政治论断的落脚点、关键点，在于"对新时代党和国家事业发展、对推进中华民族伟大复兴历史进程具有决定性意义"这句话。

　　"两个确立"是在什么样的历史背景和历史条件下确立的呢？是在新时代新的发展阶段和新的历史方位下确立的。新时代是个什么样的时代？具有什么样的内涵？党的十九大报告专门有一段话进行论述，《决议》也作了进一步强调。《决议》指出："以习近平同志为核心的党中央统筹把握中华民族伟大复兴战略全局和世界百年未有之大变局，强调中国特色社会主义新时代是承前启后、继往开来、在新的历史条件下继续夺取中国特色社会主义伟大胜利的时代，是决胜全面建成小康社会、进而全面建设社会主义现代化强国的时代，是全国各族人民团结奋斗、不断创造美好生活、逐步实现全体人民共同富裕的时代，是全体中华儿女勠力同心、奋力实现中华民族伟大复兴中国梦的时代，是我国不断为人类作出更大贡献的时代。"这就是新时代五个方面的内涵和特征，这五个方面也确定了我们党在这个历史阶段的奋斗目标和历史任务。《决议》指出：在中国特色社会主义新时代，党面临的主要任务是实现第一个百年奋斗目标，开启实现第二个百年奋斗目标新征程，朝着实现中华民族伟大复兴的宏伟目标继续前进。由此可见，新时代标定了党和国家事业发展处在一个新的历史方位。

正是在新时代的历史方位上，习近平总书记以深厚人民情怀、卓越政治智慧、强烈使命担当，带领全党全国各族人民发扬伟大的历史主动精神，解决了许多长期想解决而没有解决的难题，办成了许多过去想办而没有办成的大事，推动党和国家事业取得历史性成就、发生历史性变革。在这一过程中，习近平总书记成为众望所归、当之无愧的党的核心、人民领袖、军队统帅，习近平新时代中国特色社会主义思想应运而生、顺势而成。其中，"第一个确立"是在党的十八届六中全会上确立的，"第二个确立"是在党的十九大上确立的。"两个确立"是总结新时代波澜壮阔的伟大历程得出的必然结论，被实践证明是完全正确的。

一个成熟的马克思主义政党，坚强领导核心的确立总是与科学思想的指引相辅相成、相互促进。新时代的伟大斗争产生了党的坚强领导核心，党的坚强领导核心领导了新时代的伟大斗争；新时代的伟大实践孕育和催生了党的创新理论，党的创新理论引领了新时代的伟大实践。坚强的核心、先进的思想与非凡的事业彼此辉映，在互动互变互促中使实现中华民族伟大复兴进入了不可逆转的历史进程。

"两个确立"不仅是党的十八大以来最重要的政治成果和

最宝贵的历史经验，也是深刻总结党的百年奋斗得出的郑重历史结论。确立成熟稳定的领导核心，确立科学理论的指导地位，历来关乎党的事业成败、关系党的前途命运。革命战争年代，1935年遵义会议事实上确立了毛泽东同志在党中央和红军的领导地位，开始确立以毛泽东同志为主要代表的马克思主义正确路线在党中央的领导地位，开始形成以毛泽东同志为核心的党的第一代中央领导集体，在最危急关头挽救了党、挽救了红军、挽救了中国革命，成为党的历史上一个生死攸关的转折点。之后10年的时间，从遵义会议到党的七大，正是因为以毛泽东同志为核心的党的第一代中央领导集体的逐步形成，我们党才能更好从全局和战略的高度总结历史经验和进行理论思考，使毛泽东思想不断发展成熟，引导中国革命航船乘风破浪、胜利驶向光辉的彼岸。把"两个确立"写进《决议》，既是历史发展的结果、历史奋斗的结晶，也是历史经验的启迪、历史规律的昭示，充分彰显了我们党高度的历史自觉和历史自信。

以史为鉴，可以知兴替。坚持好、维护好"两个确立"，我们党就能在中华民族伟大复兴战略全局和世界百年未有之大变局深度演进互动的复杂条件下，坚持正确前进方向，乘风破浪不迷航，不断把党和人民事业推向前进；就能始终把握发展规律，运用科学世界观和方法论谋划事业发展、应对风险挑战，带领全国各族人民不断开辟中华民族伟大复兴的光明前景。

三

可以从理论创新和实践变革两个层面来认识和把握中国特色社会主义新时代取得的历史性成就、发生的历史性变革。

——从理论创新层面，深入把握习近平新时代中国特色社会主义思想这一马克思主义中国化时代化的最新成果。习近平新时代中国特色社会主义思想是怎么产生的？这一思想具有什么样的科学内涵、历史地位和重大意义？《决议》对此作了全面深刻阐述。《决议》指出，党的十八大以来，以习近平同志为主要代表的中国共产党人，坚持把马克思主义基本原理同中国具体实际相结合、同中华优秀传统文化相结合，坚持毛泽东思想、邓小平理论、"三个代表"重要思想、科学发展观，深刻总结并充分运用党成立以来的历史经验，从新的实际出发，创立了习近平新时代中国特色社会主义思想。这里讲的"两个结合",是我们党对这个问题认识的一个深化、一个提高,是一个重要的理论创新。

习近平总书记对关系新时代党和国家事业发展的一系列重大理论和实践问题进行了深邃思考和科学判断,就新时代坚持和发展什么样的中国特色社会主义、怎样坚持和发展中国特色社会主义,建设什么样的社会主义现代化强国、怎样建设社会主义现代化强国,建设什么样的长期执政的马克思主义政党、怎样建设长期执政的马克思主义政党等重大时代课题,提出一系列原创性的治国理政新理念新思想新战略。《决议》就习近平新时代中国特色社会主义思想回答的重大时代课题,从党的十九大报告中的"一个重大时代课题"拓展为"三个重大时代课题"。

习近平总书记是习近平新时代中国特色社会主义思想的主要创立者。习近平新时代中国特色社会主义思想是当代中国马克思主义、21 世纪马克思主义,是中华文化和中国精神的时代精华,实现了马克思主义中国化时代化新的飞跃。以上四句话中,第一、第二、第四句话,在党的十九大后开始讲,并且一直在讲,这次明确写进了《决议》里。"是中华文化和中国精神的时代精华"这句话,是《决议》对习近平新时代中国特色社会主义思想给予的新评价，在党的文件中首次正式公开提出。

《决议》在党的十九大报告"八个明确"基础上，用"十个明确"对习近平新时代中国特色社会主义思想的科学内涵、核心内容，作了进一步概括。

一是明确中国特色社会主义最本质的特征是中国共产党领导，中国特色社会主义制度的最大优势是中国共产党领导，中国共产党是最高政治领导力量，全党必须增强"四个意识"、坚定"四个自信"、做到"两个维护"。

这一条是把党的十九大报告中的第八个明确的"中国特色社会主义最本质的特征是中国共产党领导，中国特色社会主义制度的最大优势是中国共产党领导，党是最高政治领导力量"提到这里，增加了"全党必须增强'四个意识'、坚定'四个自信'、做到'两个维护'"的表述。

二是明确坚持和发展中国特色社会主义，总任务是实现社会主义现代化和中华民族伟大复兴，在全面建成小康社会的基础上，分两步走在本世纪中叶建成富强民主文明和谐美丽的社会主义现代化强国，以中国式现代化推进中华民族伟大复兴。

这一条增加了"以中国式现代化推进中华民族伟大复兴"的表述。

三是明确新时代我国社会主要矛盾是人民日益增长的美好生活需要和不平衡不充分的发展之间的矛盾，必须坚持以人民为中心的发展思想，发展全过程人民民主，推动人的全面发展、全体人民共同富裕取得更为明显的实质性进展。

这一条增加了"发展全过程人民民主""取得更为明显的实质性进展"的表述。

四是明确中国特色社会主义事业总体布局是经济建设、政治建设、文化建设、社会建设、生态文明建设五位一体，战略布局是全面建设社会主义现代化国家、全面深化改革、全面依法治国、全面从严治党四个全面。

这一条把"八个明确"中的"五位一体""四个全面"展开表述。这两个概念是第一次在《决议》中出现，展开后可以使读者更清晰地了解"五位一体""四个全面"的内涵。

五是明确全面深化改革总目标是完善和发展中国特色社会主义制度、推进国家治理体系和治理能力现代化。六是明确全面推进依法治国总目标是建设中国特色社会主义法治体系、建设社会主义法治国家。

这两条是原有的。

七是明确必须坚持和完善社会主义基本经济制度，使市场在资源配置中起决定性作用，更好发挥政府作用，把握新发展阶段，贯彻创新、协调、绿色、开放、共享的新发展理念，加快构建以国内大循环为主体、国内国际双循环相互促进的新发展格局，推动高质量发展，统筹发展和安全。

这一条是全新的。

八是明确党在新时代的强军目标是建设一支听党指挥、能打胜仗、作风优良的人民军队，把人民军队建设成为世界一流军队。

这一条是原有的。

九是明确中国特色大国外交要服务民族复兴、促进人类进步，推动建设新型国际关系，推动构建人类命运共同体。

这一条增加了"服务民族复兴、促进人类进步"的表述。

十是明确全面从严治党的战略方针，提出新时代党的建设总要求，全面推进党的政治建设、思想建设、组织建设、作风建设、纪律建设，把制度建设贯穿其中，深入推进反腐败斗争，落实管党治党政治责任，以伟大自我革命引领伟大社会革命。

这一条保留了"提出新时代党的建设总要求"的表述，放在"十个明确"最后，与党的领导首尾呼应。

党的十九大报告从两个方面总结习近平新时代中国特色社会主义思想的核心内容，一方面从思想理念层面讲"八个明确"，另一个方面从基本方略层面讲"十四个坚持"。《决议》将"八个明确"丰富发展为"十个明确"，体现了党的十九大以来，习近平新时代中国特色社会主义思想在实践中进一步得到丰富和发展。"十个明确"是对习近平新时代中国特色社会主义思想的再概括、再提炼，是党对共产党执政规律、社会主义建设规律、人类社会发展规律认识深化和理论创新的重大成果。

——从实践变革层面，深入把握新时代实践的新成就。《决议》从13个方面对党的十八大以来党治国理政采取的重大方略、推进的重大工作、推出的重大举措进行了系统阐述，重点总结其中的原创性思想、变革性实践、突破性进展、标志性成果。

这13个方面是：坚持党的全面领导、全面从严治党、经济建设、全面深化改革开放、政治建设、全面依法治国、文化建设、社会建设、生态文明建设、国防和军队建设、维护国家安全、坚持"一国两制"和推进祖国统一、外交工作。如果将《决议》中的13个方面与党的十九大报告中阐述的新时代坚持和发展中国特色社会主义的基本方略14个方面作对照，就会发现，13个方面主要是从实践层面讲的，"十四个坚持"是从方略角度讲的，前者是后者在实践领域的展开和深化，同时也是"十个明确"在实践领域的展开和深化。

《决议》对13个方面每个方面的阐述，大体按照历史脉络、时代背景、实践过程、时间顺序、逻辑关系、具体内容层层递进、逐步展开。叙述的内容是在各个领域，习近平总书记和党中央是在什么样的历史条件下，面对什么样的问题，进行了什么样的思考，提出了什么样的方略，采取了什么样的举措，带领全党全国各族人民怎么干的、怎么干成的，最终取得了什么样的成效。可以说是对新时代以习近平同志为核心的党中央治国理政成就和经验的全面总结、全面展示。

这些历史性成就是全方位、开创性的。比如，在中华大地上全面建成小康社会，全面打赢脱贫攻坚战，历史性地解决了困扰中华民族几千年的绝对贫困问题；我国国内生产总值突破100万亿元大关，人均国内生产总值超过1万美元，稳居世界上中等收入国家行列；我国在载人航天、探月工程、超级计算、量子通信、大飞机制造、航空母舰等基础和前沿领域取得一大批标志性成果，若干领域实现从"跟跑"到"并跑""领跑"的跃升；建成世界上规模最大的社会保障体系，10.2 亿人拥有基本养老保险，13.6 亿人拥有基本医疗保险，人民生活水平显著提高……

这些历史性变革是深层次、根本性的。比如，坚持全面从严治党，从落实中央八项规定精神破题狠抓作风建设，以零容忍态度开展反腐败斗争，实现了管党治党从宽松软到严紧硬的转变，反腐败斗争取得压倒性胜利并全面巩固；坚持以完善和发展中国特色社会主义制度、推进国家治理体系和治理能力现代化为总目标全面深化改革，各领域基础性制度框架基本确立，许多领域实现历史性变革、系统性重塑、整体性重构；坚持把握进入新发展阶段的要求，牢固树立新发展理念，加快构建以国内大循环为主体、国内国际双循环相互促进的新发展格局，实现了对传统发展理念、发展模式的根本性变革……

党的十八大以来，党和国家事业取得历史性成就、发生历史性变革，最根本的原因在于有习近平总书记作为党中央的核心、全党的核心掌舵领航，在于有习近平新时代中国特色社会主义思想科学指引。

这是历史得出的结论，这是实践给出的答案，这是人民作出的评判。

（原载《求是》2022 年第 1 期）

改革开放是党的一次伟大觉醒

党的十九届六中全会通过的《中共中央关于党的百年奋斗重大成就和历史经验的决议》指出，"改革开放是党的一次伟大觉醒"。深刻认识、准确把握我们党作出的这个重大历史结论和重要政治论断，对我们学习好党在改革开放和社会主义现代化建设新时期的历史经验，继续解放思想，锐意进取，具有重要指导意义。

1978 年 12 月，我们党召开十一届三中全会，作出把党和国家工作中心转移到经济建设上来、实行改革开放的历史性决策，实现了新中国成立以来党的历史上具有深远意义的伟大转折，开启了改革开放和社会主义现代化的伟大征程。习近平总书记指出："我们党作出实行改革开放的历史性决策，是基于对党和国家前途命运的深刻把握，是基于对社会主义革命和建设实践的深刻总结，是基于对时代潮流的深刻洞察，是基于对人民群众期盼和需要的深刻体悟。"改革开放是我们党的一次伟大觉醒，正是这个伟大觉醒孕育了我们党从理论到实践的伟大创造。改革开放是中国人民和中华民族发展史上一次伟大革命，正是这个伟大革命推动了中国特色社会主义事业的伟大飞跃！"

一、伟大觉醒基于对党和国家前途命运的
深刻把握

党的这次伟大觉醒是如何发生的？改革开放历史性决策是怎样作出的？任何一个历史事件和历史现象的出现都不是偶然的，在其背后都有着深刻的经济、政治、社会、历史等原因。"文化大革命"是我们党在探索中国自己的社会主义道路的过程中出现的严重挫折，党依靠自己的力量，团结带领人民群众，最终纠正了这一严重错误。历史证明，中国人民是伟大的人民，中国共产党有能力靠自己的力量纠正错误，中国共产党和社会主义制度具有强大的生命力。但是，持续十年之久的"文化大革命"，暴露出当时党和国家在体制、政

策、工作等方面存在的严重缺陷。正如邓小平在总结 1957 年以后二十年历史经验时所指出的："二十年的经验尤其是'文化大革命'的教训告诉我们，不改革不行，不制定新的政治的、经济的、社会的政策不行。"

面对当时存在的大量问题，邓小平尖锐地指出，"如果现在再不实行改革，我们的现代化事业和社会主义事业就会被葬送"，"我们现在真正要做的就是通过改革加快发展生产力，坚持社会主义道路，用我们的实践来证明社会主义的优越性。"那么，如何寻找解决问题的办法呢？当时摆在党和人民面前的有三条路：一条是走封闭僵化的老路；一条是走改旗易帜的邪路；一条是开辟新的发展道路。在这个重大历史关头，邓小平领导全党全国各族人民勇敢地面对现实，从实际出发，总结经验，纠正错误，毅然决然地作出改革开放的历史性决策，团结带领全党全国各族人民，从困境中重新奋起，在新中国成立以来国家建设和发展的基础上，开创了中国特色社会主义道路。

二、伟大觉醒基于对社会主义革命和 建设实践的深刻总结

以社会主义改造完成为标志，我国建立起社会主义基本制度，实现了新民主主义向社会主义的转变。社会主义基本制度的建立，为当代中国一切发展进步奠定了根本政治前提和制度基础。如何在中国建设社会主义，这是我们党执政后面临的一个崭新课题。新中国成立之初，我国学习苏联经验，但很快就觉察到苏联模式的种种局限，认识到苏联在建设社会主义过程中的一些缺点和错误。毛泽东及时提出"以苏为鉴"，我们党开始探索自己的建设社会主义的道路。以毛泽东《论十大关系》的发表和党的八大召开为标志，党对中国社会主义建设道路的探索有了良好开端。但是，探索的道路十分艰辛，由于种种原因，其间先后出现了"大跃进"运动、人民公社化运动等错误，后来又发生了"文化大革命"十年内乱。在探索过程中，虽然经历了严重曲折，但党在社会主义革命和建设中取得的独创性理论成果和巨大成就，为在新的历史时期开创中国特色社会主义提供了宝贵经验、理论准备、

物质基础。

党的十一届三中全会以后，以邓小平同志为主要代表的中国共产党人，团结带领全党全国各族人民，深刻总结新中国成立以来正反两方面经验，围绕什么是社会主义、怎样建设社会主义这一根本问题，借鉴世界社会主义历史经验，创立了邓小平理论，解放思想，实事求是，作出把党和国家工作中心转移到经济建设上来、实行改革开放的历史性决策，深刻揭示社会主义本质，确立社会主义初级阶段基本路线，明确提出走自己的路、建设中国特色社会主义，科学回答了建设中国特色社会主义的一系列基本问题，制定了到21世纪中叶分三步走、基本实现社会主义现代化的发展战略，成功开创了中国特色社会主义。

党的十三届四中全会以后，以江泽民同志为主要代表的中国共产党人，团结带领全党全国各族人民，坚持党的基本理论、基本路线，加深了对什么是社会主义、怎样建设社会主义和建设什么样的党、怎样建设党的认识，形成了"三个代表"重要思想，在国内外形势十分复杂、世界社会主义出现严重曲折的严峻考验面前捍卫了中国特色社会主义，确立了社会主义市场经济体制的改革目标和基本框架，确立了社会主义初级阶段公有制为主体、多种所有制经济共同发展的基本经济制度和按劳分配为主体、多种分配方式并存的分配制度，开创全面改革开放新局面，推进党的建设新的伟大工程，成功把中国特色社会主义推向 21 世纪。

党的十六大以后，以胡锦涛同志为主要代表的中国共产党人，团结带领全党全国各族人民，在全面建设小康社会进程中推进实践创新、理论创新、制度创新，深刻认识和回答了新形势下实现什么样的发展、怎样发展等重大问题，形成了科学发展观，抓住重要战略机遇期，聚精会神搞建设，一心一意谋发展，强调坚持以人为本、全面协调可持续发展，着力保障和改善民生，促进社会公平正义，推进党的执政能力建设和先进性建设，成功在新形势下坚持和发展了中国特色社会主义。

三、伟大觉醒基于对时代潮流的
深刻洞察

20 世纪 70 年代末 80 年代初，世界形势发生了重大变化。邓小平深刻洞察世界形势，指出："现在世界上真正大的问题，带全球性的战略问题，一个是和平问题，一个是经济问题或者说发展问题。和平问题是东西问题，发展问题是南北问题。概括起来，就是东西南北四个字。"同时，他还强调，"大战打不起来，不要怕，不存在什么冒险的问题"，我们要抓住这个机遇，一心一意搞建设，加快发展自己。经过长期观察和综合分析，我们党改变了战争不可避免而且迫在眉睫的观点，对战争与和平问题作出新的科学判断，明确提出了和平与发展是当今时代的主题。这个判断准确把握了东西方关系有所缓和、世界战争危险逐渐减弱、科技革命浪潮不断兴起、各国争先抢占战略发展制高点的趋势和特征，为作出对外开放的重大决策，制定新时期我国的外交方针政策提供了重要依据。

对时代潮流的深刻洞察，同追赶时代步伐是相辅相成的。粉碎"四人帮"后，我国打开了国门，当看到与西方发达国家甚至是一些周边国家和地区存在巨大的发展差距时，给我们带来的是震动和警醒。邓小平尖锐地指出：我们"同发达国家相比较，经济上的差距不止是十年了，可能是二十年、三十年，有的方面甚至可能是五十年"。邓小平应邀出访日本时，曾感慨地说过这样的话："我懂得什么是现代化了。"对当时世界经济发展进程的深入了解，增强了我们党推进改革开放和加快发展的现实紧迫感责任感。因此，邓小平反复强调："我们要赶上时代，这是改革要达到的目的。"我们党顺应时代潮流，把握历史规律，果断实行改革开放，由此赢得了主动，赢得了发展，赢得了未来。

四、伟大觉醒基于对人民群众期盼和需要的深刻体悟

为中国人民谋幸福，为中华民族谋复兴，是中国共产党自成立以来就确立的初心使命。我们党来自人民、扎根人民、造福人民，一切工作以最广大人民的根本利益为出发点和落脚点。我们党团结带领人民干革命、搞建设、抓改革，目的都是让人民过上幸福的生活。新中国成立后，党团结带领全国各族人民自力更生、发愤图强，建立起独立的比较完整的工业体系和国民经济体系，初步满足和解决了人民吃饭穿衣的基本生活需要。由于探索过程经历严重曲折，社会主义的优越性没有充分地发挥出来，我们的发展还比较落后，人民群众生活的改善还比较缓慢。

邓小平深刻指出："贫穷不是社会主义，社会主义要消灭贫穷。不发展生产力，不提高人民的生活水平，不能说是符合社会主义要求的。""我们太穷了，太落后了，老实说对不起人民。"他在广东视察时强调，生产生活搞好了，还可以解决逃港问题。逃港，主要是生活不好，差距太大。为了满足人民群众的愿望，我们党制定了一系列对外开放和对内搞活的政策。人心所向的改革开放，在中国的广袤大地全面展开了。

五、伟大觉醒是由党的性质宗旨和理想信念所决定的

马克思、恩格斯在《共产党宣言》中指出："共产党人为工人阶级的最近的目的和利益而斗争，但是他们在当前的运动中同时代表运动的未来。"中国共产党是中国工人阶级的先锋队，同时是中国人民和中华民族的先锋队。党的根本宗旨是全心全意为人民服务。党的最高理想和最终目标是实现共产主义。党在社会主义初级阶段的共同理想是建设中国特色社会主义。

我们党作为马克思主义政党，除了工人阶级和最广大人民

群众的利益，没有自己特殊的利益。因此，党就能够摆脱以往一切政治力量只追求自身特殊利益的局限，无私无畏，敢作敢为，勇于做、能够做其他政治力量不能做不想做也做不了的事。忠诚老实、实事求是，光明磊落、襟怀坦白，坚持真理、修正错误，铸就了中国共产党人的优良传统和优秀品质。这也正是中国共产党在历史上遭受挫折，却又能够迅速纠错、走出困境，扭转危局、化险为夷，开创新局的根本原因。

六、伟大觉醒是在马克思主义的科学指引下进行的

马克思主义认为，人类的生产活动是最基本的实践活动，是决定其他一切活动的东西。实践是检验真理的唯一标准。实践的观点是辩证唯物论的认识论之第一的和基本的观点。共产党人不仅要认识世界，还要改造世界。实践是最高最大的社会"法官"，一切主观的东西都必须经受实践的检验，在这个"法官"面前接受裁决。在实践中认识真理，发现真理，检验真理，发展真理，是马克思主义哲学的一个基本原理。我们党团结带领人民获得的伟大觉醒，正是从 1978 年进行的

那场关于"实践是检验真理的唯一标准"的大讨论开始的。真理标准问题的大讨论，广泛展开，如火如荼，深入人心，影响深远，拉开了中国大地上一场解放思想的帷幕。

实践发展永无止境，解放思想永无止境，理论创新也永无止境。通过真理标准问题的大讨论，党坚持和发展了马克思主义，恢复和重新确立了实事求是的思想路线，把人们的思想从长期"左"的禁锢和教条主义的束缚下解放出来。解放思想同改革开放相互激荡、观念创新和实践探索相互促进，充分显示了思想引领的伟力。在改革开放中，马克思主义给了中国共产党和中国人民能够觉醒、敢于觉醒、持续觉醒的强大思想武器。

七、伟大觉醒展现了人民群众创造历史的生动实践

改革开放中的许多新生事物都是人民群众创造的。邓小平指出："群众是我们力量的源泉，群众路线和群众观点是我们的传家宝。"改革开放中许许多多的东西，都是由群众在实践中提出来的，是群众发明的。"党只有紧紧地依靠群众，密

切地联系群众，随时听取群众的呼声，了解群众的情绪，代表群众的利益，才能形成强大的力量，顺利地完成自己的各项任务。"

波澜壮阔的改革开放历史进程，是从农村到城市、从沿海到内地、从局部到整体渐次展开和推进的。在这个历史进程中，人民群众始终是改革开放的实践者、推动者、参与者。从农村家庭联产承包责任制的实行到乡镇企业的异军突起，从人民公社制度的废除到多种所有制经济的发展，从"三来一补"到境外资金、技术、设备、人才的引进，从兴办经济特区、沿海沿边沿江沿线和内陆中心城市对外开放到加入世界贸易组织，等等，改革开放中出现的每一个新突破、新事物、新成就，都凝结着人民群众的智慧、心血和汗水。历史表明，人民群众是历史的创造者，是社会变革的决定力量，是我们党的根基、血脉和力量源泉。

八、党的伟大觉醒孕育的伟大创造 深刻改变了中国

伟大觉醒催生了改革开放，改革开放发展了中国，发展

了社会主义，发展了马克思主义。在改革开放和社会主义现代化建设新时期，我们党团结带领全国各族人民进行的改革开放这场新的伟大革命，破除了阻碍发展的一切旧思想旧观念和体制机制障碍，极大地激发了广大人民群众的积极性、主动性、创造性，极大地解放和发展了社会生产力，极大地增强了社会发展活力，人民生活显著改善，综合国力显著增强，国际地位显著提高。我国国内生产总值先后超过意大利、法国、英国、德国，2010年又超过日本，成为世界第二大经济体。同时，出口超过德国，成为世界第一大出口国。我国成为自18世纪工业革命以来继英国、美国、日本、德国之后的"世界工厂"。我国于1999年跨入下中等收入国家的行列，于2010年跨入上中等收入国家的行列。

我们党团结带领中国人民创造了改革开放和社会主义现代化建设的伟大成就，我国实现了从生产力相对落后的状况到经济总量跃居世界第二的历史性突破，实现了人民生活从温饱不足到总体小康、奔向全面小康的历史性跨越，推进了中华民族从站起来到富起来的伟大飞跃。历史雄辩地证明，改革开放是党和人民大踏步赶上时代的重要法宝，是坚持和发展中国特色社会主义的必由之路，是决定当代中国前途命运的关键一招，也是决定实现"两个一百年"奋斗目标、实现中华民族伟大复兴的关键一招。

（原载《〈中共中央关于党的百年奋斗重大成就和历史经验的决议〉辅导读本》，人民出版社 2021 年版）

五个坚持:"十四五"时期我国发展必须遵循的重要原则

党的十九届五中全会是我们党站在"两个一百年"历史交汇点上,对开启全面建设社会主义现代化国家新征程作出战略决策的一次重要会议。全会审议通过的《中共中央关于制定国民经济和社会发展第十四个五年规划和二〇三五年远景目标的建议》(以下简称《建议》),是全面建设社会主义现代化国家的纲领性文件,充分体现了以习近平同志为核心的党中央高瞻远瞩、总揽全局、深谋远虑、运筹帷幄的战略眼光,为实现第二个百年奋斗目标和中华民族伟大复兴的中国梦提供了战略指引。《建议》明确了"十四五"时期我国经济社会发展的指导思想,提出了必须遵循的五个坚持的重要原则。这是对改革开放以来尤其是党的十八大以来我国经济社会发展经验的深刻总结，是对我国经济社会发展规律的深刻揭示，是对当代世界和当今中国提出的实践之问、时代之问、历史之问的科学回答，是党中央治国理政实践经验的升华，是新时代党的理论创新的最新成果，为我们深刻认识新发展阶段、深入贯彻新发展理念、着力构建新发展格局，提供了科学的思想指引。认真学习、全面理解、准确把握其精神实质和科学内涵，对于我们学习贯彻好党的十九届五中全会精神，统一思想、统一意志、统一行动，信心百倍、豪情满怀、凝心聚力地走向新征程，具有重要意义。

关键作用：坚持党的全面领导

中国共产党的领导是历史的选择、人民的选择。我们党诞生于国家内忧外患、民族危难之时，是在近代以后中国社会的剧烈运动中，在中国人民反抗封建统治和外来侵略的激烈斗争中，在马克思列宁主义同中国工人运动的结合过程中应运而生的。同以往任何其他政党相比，我们党都具有完全不同的性质，它一产生就是以马克思主义新型政党的面目出现的，就是以中国工人阶级的先锋队、中国人民和中华民族的先锋队登上历史舞台的。

在新民主主义革命时期，党团结带领全国各族人民推翻了压在中国人民头上的帝国主义、封建主义、官僚资本主义三座大山，建立了新中国。在社会主义革命和建设时期，党团结带领全国各族人民进行社会主义革命，建立社会主义基本制度，进行社会主义建设，建立起独立的比较完整的工业体系和国民经济体系。在改革开放和社会主义现代化建设新时期，党团结带领全国各族人民进行改革开放新的伟大革命，使我国经济实力、科技实力、综合国力大幅提升，人民生活显著改善。在中国特色社会主义新时代，党团结带领全国各族人民决胜全面建成小康社会，开启全面建设社会主义现代化国家新征程，迎来了中华民族伟大复兴的光明前景。如果说党在新民主主义革命时期的奋斗是为了救国，在社会主义革命和建设时期的奋斗是为了兴国，在改革开放和社会主义现代化建设新时期的奋斗是为了富国，那么，在中国特色社会主义新时代的奋斗则是为了强国。

中国共产党是中国特色社会主义事业的坚强领导核心。党政军民学，东西南北中，党是领导一切的。中国特色社会主义最本质的特征是中国共产党领导，中国特色社会主义制度的最大优势是中国共产党领导，党是最高政治领导力量。中国共产党的领导是发挥总揽全局、协调各方的领导核心作用，是政治、思想、组织的领导，具体体现在制定路线方针政策上，体现在选贤任能上，体现在把方向、谋大局、定政策、促改革上，从而形成党的政治领导力、思想引领力、群众动员力、社会号召力。

坚持党对一切工作的领导，是习近平新时代中国特色社会主义思想的重要内容，是新时代坚持和发展中国特色社会主义的基本方略之一。学习贯彻习近平新时代中国特色社会主义思想，全面贯彻党的基本理论、基本路线、基本方略，必须坚持党对一切工作的领导。在世界经历百年未有之大变局、中华民族处在伟大复兴的关键时期，面对纷繁复杂的国内外形势，面对各种风险挑战，面对改革发展稳定的艰巨任务，在危机中育先机、于变局中开新局，必须发挥党的领导在中华巨轮行稳致远中的压舱石作用，在全国各族人民砥砺奋进中的主心骨作用，在中国特色社会主义事业中的领导核心作用。

党的十九届五中全会把坚持党的全面领导，确定为我国"十四五"时期经济社会发展必须遵循的重要原则。《建议》

强调，要坚持和完善党领导经济社会发展的体制机制，坚持和完善中国特色社会主义制度，不断提高贯彻新发展理念、构建新发展格局能力和水平，为实现高质量发展提供根本保证。在全面建设社会主义现代化国家新征程的伟大实践中，我们要实施好"十四五"规划，实现 2035 年远景目标，必须坚持党的全面领导，切实发挥党的领导在做好党和国家各项工作中的关键作用。

根本目的：坚持以人民为中心

全心全意为人民服务是我们党的根本宗旨。中国共产党没有自己的特殊利益。中国共产党是中国工人阶级和中国最广大人民群众利益的忠实代表。党的初心和使命，就是为中国人民谋幸福，为中华民族谋复兴。

一部党的光辉历史就是党团结带领全国各族人民为人民幸福和民族复兴不懈奋斗的历史。新民主主义革命时期，我们党提出"打土豪、分田地"，是为了人民。社会主义革命和建设时期，我们党进行"一化三改"，领导广大农民走集体化道路，是为了人民。改革开放和社会主义现代化建设新时期，我们党实行农村家庭联产承包责任制，放开搞活，也是为了人民。中国特色社会主义新时代，我们党带领人民打赢脱贫攻坚战、决胜全面建成小康社会，还是为了人民。我们党干革命、搞建设、抓改革，都是为了让中国人民过上幸福生活，为了早日实现中华民族伟大复兴。

人民立场是我们党的根本政治立场。一切为了人民，一切依靠人民，是我们党的群众路线的重要内容，是我们一切工作的根本出发点和归宿，也是我们衡量改革得失成败的根本标准之一。我们党之所以始终坚持这一根本政治立场，高度重视这一问题，反复强调这一原则，就是因为在革命、建设、改革、复兴的历史进程中，深刻认识到了党的根基在人民、血脉在人民、力量在人民，如果离开了人民、失去了人民，我们党就要改变性质、改变颜色，也将会一无所有、一事无成。

坚持以人民为中心，是习近平新时代中国特色社会主义思想的重要内容，是新时代坚持和发展中国特色社会主义的基本方略之一。学习贯彻习近平新时代中国特色社会主义思想，全面贯彻党的基本理论、基本路线、基本方略，必须坚持以人民为中心。坚持在发展中保障和改善民生。坚持推动人的全面发展、社会全面进步，在共建共治共享中促进社会和谐，不断增强人民群众的获得感、幸福感、安全感。

党的十九届五中全会把坚持以人民为中心，确定为我国"十四五"时期经济社会发展必须遵循的重要原则。《建议》强调，要坚持人民主体地位，坚持共同富裕方向，始终做到发展为了人民、发展依靠人民、发展成果由人民共享，维护人民根本利益，激发全体人民积极性、主动性、创造性，促进社会公平，增进民生福祉，不断实现人民对美好生活的向往。在全面建设社会主义现代化国家新征程的伟大实践中，我们要实施好"十四五"规划，实现2035年远景目标，必须坚持以人民为中心，始终把为了人民作为发展的根本目的。

思想引领：坚持新发展理念

新发展理念是党的重大创新理论。发展理念是发展行动的先导，是管全局、管根本、管方向、管长远的东西，是发展思路、发展方向、发展着力点的集中体现。党的十八大以来，习近平总书记根据国内外形势的发展变化，尤其是根据新一轮科技革命和产业变革的深入发展，针对我国经济社会发展中存在的主要矛盾和突出问题，在总结以往我国经济社会发展经验和吸收借鉴人类文明发展有益成果的基础上，提出了新发展理念。

新发展理念具有科学的内涵。新发展理念由创新、协调、绿色、开放、共享构成，是一个完整系统的有机统一体。其中，创新是发展的动力，协调是发展的方法，绿色是发展的模式，开放是发展的途径，共享是发展的目的。新发展理念切中了我国发展中的矛盾和问题，体现了我国今后的发展思路、发展方向、发展着力点，深刻揭示了实现高质量发展的必由之路。

新发展理念为我国"十三五"时期经济社会发展提供了科学指引。"十三五"时期是我国决战脱贫攻坚、决胜全面建成小康社会的关键时期。在新发展理念引领下，经过"十三五"时期的发展，我国决胜全面建成小康社会取得决定性成就。经济实力、科技实力、综合国力跃上新的大台阶，经济运行总体平稳，经济结构持续优化，农业现代化稳步推进，脱贫攻坚成果举世瞩目，污染防治力度空前加大，生态环境明显改善，全面深化改革取得重大突破，对外开放持续扩大，共建"一带一路"成果丰硕，人民生活水平显著提高，文化事业和文化产业繁荣发展，国家治理体系和治理能力现代化加快推进。

坚持新发展理念，是习近平新时代中国特色社会主义思想的重要内容，是新时代坚持和发展中国特色社会主义的基本方略之一。学习贯彻习近平新时代中国特色社会主义思想，全面贯彻党的基本理论、基本路线、基本方略，必须坚持新发展理念。坚持以高质量发展为主题，以供给侧结构性改革为主线，坚持稳中求进工作总基调，坚持问题导向和目标导向相统一，不断研究新情况，解决新问题，面对新任务，采取新举措。

党的十九届五中全会把坚持新发展理念，确定为我国"十四五"时期经济社会发展必须遵循的重要原则。《建议》强调，要把新发展理念贯穿发展全过程和各领域，构建新发展格局，切实转变发展方式，推动质量变革、效率变革、动力变革，实现更高质量、更有效率、更加公平、更可持续、更为安全的发展。在全面建设社会主义现代化国家新征程的伟大实践中，我们要实施好"十四五"规划，实现2035年远景目标，必须坚持新发展理念，以新发展理念作为高质量发展的思想引领。

发展动力：坚持深化改革开放

改革开放是我们党作出的战略抉择。在党的十一届三中全会上，我们党顺应时代发展潮流，满足实践需要，回应人民期待，毅然作出把党和国家工作中心转移到经济建设上来、实行改革开放的历史性决策。改革开放是我们党的一次伟大觉醒，正是这个伟大觉醒孕育了我们党从理论到实践的伟大创造。改革开放解放了人们的思想，解放和发展了社会生产力，极大地调动了亿万人民的积极性、主动性、创造性。改革开放也密切了中国与世界的联系，使中国打开了国门，阔步走向世界。改革开放活跃了中国、开放了中国、发展了中国、壮大了中国。

改革开放是决定当代中国命运的关键一招，也是决定实现"两个一百年"奋斗目标、实现中华民族伟大复兴的关键一招。过去几十年我国的快速发展靠的是改革开放，未来要保持我国快速发展、实现我们的既定奋斗目标，仍然必须依靠改革开放。改革开放是推动我国发展的根本动力。发展出题目，改革做文章。为了深化改革开放，党的十八届三中全会对全面深化改革作出战略部署。按照党中央部署，改革全面发力、多点突破、纵深推进。从夯基垒台、立柱架梁，到全面推进、积厚成势，再到系统集成、协同高效，一路踔疾步稳、勇毅笃行，在新起点上实现了新突破。在实践中，改革红利不断释放，改革动能不断加强，改革在重要领域和关键环节取得决定性成果。在深化改革的同时，我国更高水平的对外开放也进一步扩大，改革开放为新时代高质量发展注入强大动力。

坚持全面深化改革，是习近平新时代中国特色社会主义思想的重要内容，是新时代坚持和发展中国特色社会主义的基本方略之一。学习贯彻习近平新时代中国特色社会主义思想，全面贯彻党的基本理论、基本路线、基本方略，必须坚持全面深化改革。要处理好解放思想和实事求是的关系、整体推动和重点突破的关系、顶层设计和摸着石头过河的关系、胆子要大和步子要稳的关系、改革发展稳定的关系，更加注重改革的系统性、整体性、协同性，始终做到改革不停顿、开放不止步。

党的十九届五中全会把坚持深化改革开放，确定为我国"十四五"时期经济社会发展必须遵循的重要原则。《建议》

强调，要坚定不移推进改革，坚定不移扩大开放，加强国家治理体系和治理能力现代化建设，破除制约高质量发展、高品质生活的体制机制障碍，强化有利于提高资源配置效率、有利于调动全社会积极性的重大改革开放举措，持续增强发展动力和活力。在全面建设社会主义现代化国家新征程的伟大实践中，我们要实施好"十四五"规划，实现 2035 年远景目标，必须坚持深化改革开放，通过深化改革开放为新发展阶段提供持续不断的发展动力。

重要方法：坚持系统观念

系统观念是具有基础性的重要思想和工作方法。马克思主义认为，世界是物质的，物质是运动的。事物是存在矛盾的，也是普遍具有联系的，整体不等于部分的简单相加，必须以发展的观点、联系的观点、整体的观点、系统的观点认识和把握问题。

党的十八大以来，党中央坚持系统观念，系统谋划、统筹推进党和国家各项事业。习近平总书记根据形势和任务的发展变化、根据世界发展的大势和人民群众的新期待，明确提出中国特色社会主义事业"五位一体"总体布局和"四个全面"战略布局，提出新时代坚持和发展中国特色社会主义的基本方略、新时代党的建设总要求。这些布局、方略和要求，都是坚持系统观念的产物，都对党和国家全局工作起到了提纲挈领、抓纲带目、锚定目标、引领方向的作用。

面向即将开启的全面建设社会主义现代化国家新征程，我们必须以系统观念来应对和处理国内外复杂矛盾和问题。现在，我们比历史上任何时期都更加接近实现中华民族伟大复兴的目标，也比历史上任何时期都更有信心和能力实现这个目标。但是，越接近民族复兴越不可能一帆风顺，越会充满风险挑战乃至惊涛骇浪。当前，我国发展的内外部环境正在发生深刻复杂变化。当今世界正经历百年未有之大变局，新冠疫情全球大流行加速了这个变局，国际经济、科技、文化、安全、政治等格局都在发生深刻调整，世界进入动荡变革期。国内发展环境也经历着深刻变化，我国已进入高质量发展阶段，社会主要矛盾发生了重大变化，继续发展具有多方面优势和条件，同时发展不平衡不充分问题仍然突出。国内外各种矛盾相互交织、各种问题累积叠加。这些都需要我们以系统观念来认识和把握，一切从实际出发，精心思考，系统地加以谋划和解决。

党的十九届五中全会把坚持系统观念，确定为我国"十四五"时期经济社会发展必须遵循的重要原则，具有指导意义。这个原则的提出是党的理论的一个重要创新和发展，为习近平新时代中国特色社会主义思想的思想方法和工作方法增添了新内容，也为"十四五"时期广大党员干部推进经济社会发展提供了方法论指导。《建议》强调，要加强前瞻性思考、全局性谋划、战略性布局、整体性推进，统筹国内国际两个大局，办好发展安全两件大事，坚持全国一盘棋，更好发挥中央、地方和各方面积极性，着力固根基、扬优势、补短板、强弱项，注重防范化解重大风险挑战，实现发展质量、结构、规模、速度、效益、安全相统一。在全面建设社会主义现代化国家新征程的伟大实践中，我们要实施好"十四五"规划，实现2035年远景目标，必须坚持系统观念，以系统观念作为统筹推进新发展阶段的重要思想和工作方法。

（原载《党建》2020年第11期）

改革开放是历史的必然

今年是我国改革开放 40 周年，这是党和国家一个重要的历史坐标和时间节点。站在新时代历史起点上把握现实方位，继续前行，我们既需要向前看，也需要向后看。向前看是为了展望未来，向后看是为了回望历史。"推古验今，所以不惑。"向后看的目的正是更好地向前看。因为，历史是现实的由来和未来前进的基础。那么，40 年前肇始于党的十一届三中全会的改革开放，是中国历史发展的偶然现象，还是必然现象呢？搞清楚这个问题，对于我们重整行装再出发，将改革进行到底具有重要意义。历史告诉我们：改革开放是顺应时代潮流，尊重人民意愿，适应中国社会历史发展需要的必然结果。

改革开放是我们党对"文化大革命"的深刻反思。在总结"文化大革命"教训时，1981 年 6 月党的十一届六中全会审议通过了《关于建国以来党的若干历史问题的决议》。决议指出，"文化大革命"是一场由领导者错误发动，被反革命集团利用，给党、国家和各族人民带来严重灾难的内乱。十年内乱使党、国家和各族人民遭到新中国成立以来时间最长、范围最广、损失最大的挫折。"文化大革命"为什么会发生？以后怎样去防止？全党在思考，全国人民在思考，党和国家领导人以及老一辈革命家也在思考。作为我国改革开放总设计师的邓小平早在 1977 年 7 月第三次复出后，就开始思考这个问题。他从汲取经验教训的角度，从坏事在一定条件下可以转化为好事的角度，反复强调了"文化大革命"作为反面教材的作用。他指出："善于总结'文化大革命'的经验，提出一些改革措施，从政治上、经济上改变我们的面貌，这样坏事就变成了好事。""没有'文化大革命'的教训，就不可能制定十一届三中全会以来的思想、政治、组织路线和一系列政策。""文化大革命"的教训告诉我们，不改革不行，不制定新的政治的、经济的、社会的政策不行。

改革开放是我们党对发展落后的深刻反思。粉碎"四人帮"后，我们进一步打开了国门，逐步扩大对外开放。党中央先后派出多个代表团出访欧洲、日本、东南亚等国和我国港澳地区。规格比较高、考察时间比较长的是由国务院领导率领的中央部委和地方领导同志组成的西欧五国访问考察团。这个考察团回来后形成了一个内容丰富的考察报告，使我们对当时西方发达国家的基本情况有了一定的了解。当我们看到与西方发达国家甚至是一些周边国家和地区存在的巨大发展差距时，给我们带来的是惊诧甚至是震动。同时，也带来启迪和深深的思考。1978年10月，邓小平在会见德国新闻代表团时就指出：我们"同发达国家相比较，经济上的差距不止是十年了，可能是二十年、三十年，有的方面甚至可能是五十年"。同年同月，邓小平应邀出访日本，在访日期间他参观了日本的钢铁、汽车和电器工厂。在考察日产汽车公司时，他曾感慨地说："我懂得什么是现代化了。"对世界经济发展进程了解的增加，促使我们党对我国社会主义建设历史经验进行深刻总结，并对我国今后的发展道路进行全面思考。总结和思考的结果使改革开放在全党全社会逐渐形成共识，最终改革开放终于在中国大地上成为"大势所趋，人心所向"。

改革开放是我们党对国际形势的深刻反思。20世纪七八十年代，世界形势发生了重大变化，我们党对世界变化的形势进行了及时准确科学的判断。当时，邓小平就认为，世界很不太平，热点问题很多，战争的危险始终是存在的。但是，战争因素增长的同时，和平因素也在增长。经过综合分析，邓小平提出了和平与发展是当今时代主题的重大论断。1983年3月，他在同几位中央领导同志谈话时强调指出，"大战打不起来，不要怕，不存在什么冒险的问题"，"我看至少十年打不起来"，我们要抓住这个机遇，一心一意搞建设，加快发展自己。我们党对世界形势发展变化的深刻洞悉，准确把握了东西方关系有所缓和，世界战争危险逐渐减弱，科技革命浪潮不断兴起，各国争先抢占战略发展制高点的趋势和特征，作出了对外扩大开放的重大决策。我国的改革开放就是建立在这样一个对国际形势正确判断基础之上的，顺应了世界潮流。

（原载《党建》2018 年第 12 期）

邓小平改革思想及其现实意义

"坚持改革开放是决定中国命运的一招。"邓小平作为中国社会主义改革开放和现代化建设的总设计师,以巨大的政治勇气和理论勇气,对中国改革作出了一系列精辟论述,形成一个完整思想体系,成为邓小平理论的重要组成部分,为开创中国特色社会主义作出了重大贡献。在纪念邓小平同志诞辰 110 周年之际,学习他关于改革的重要论述和光辉思想,不仅是对他的深切缅怀和最好纪念,而且对我们当前全面深化改革具有重要意义。

邓小平改革思想在历史反思、
实践探索中萌发和产生

邓小平改革思想是在什么样的历史背景下萌发和产生的呢？习近平总书记在主持十八届中央政治局第二次集体学习回顾我国改革开放历程时说，20 世纪 70 年代末，我们党和国家作出改革开放的历史性决策，有三个主要原因：一是对"文化大革命"的深刻反思；二是对中国发展落后的深刻反思；三是对国际形势的深刻反思。邓小平改革思想就是在这三个深刻反思中萌发、形成和发展起来的。

对"文化大革命"的深刻反思。"文化大革命"使党、国家和人民遭受严重的挫折和损失，这一切为什么会发生？1977 年 7 月邓小平第三次复出后，对这个问题进行了深刻思考，并由此引发他对我国政治、经济体制和相关具体制度的反思。他从汲取经验教训的角度，从坏事在一定的条件下可以转化为好事的角度，谈了"文化大革命"作为反面教材的作用。1986 年 9 月，邓小平在接受美国哥伦比亚广播公司迈克·华莱士采访时指出："善于总结'文化大革命'的经验，提出一些改革措施，从政治上、经济上改变我们的面貌，这样坏事就变成了好事。"1988 年 9 月，他在会见捷克斯洛伐克总统胡萨克时说："没有'文化大革命'的教训，就不可能制定十一届三中全会以来的思想、政治、组织路线和一系列政策。"

对中国发展落后的深刻反思。邓小平重新回到领导岗位后，用了很大精力研究我国的国情，不断思考通过什么样的途径和方法改变我国发展落后的问题。在党的十一届三中全会前后，对这个问题邓小平经常挂在嘴边，在多次讲话和谈话中时常说起。1978 年 10 月，他在会见德国新闻代表团时说，我们"同发达国家相比较，经济上的差距不止是十年了，可能是二十年、三十年，有的方面甚至可能是五十年"。他认为："承认落后就有希望，道理很简单，起码有个好的愿望，就是要干，想出好方针、政策和办法来干。"邓小平不仅在反思中国发展落后中寻求改革的办法，而且将此与体现社会主义制度的优越性联系在一起。1987 年 10 月，他在会见匈牙利客人时指出："我们现在真正要做的就是通过改革加快发展生产力，坚持社会主义道路，用我们的实践来证明社会主义的优越性。"

对国际形势的深刻反思。20 世纪七八十年代，世界形势发生重大变化，邓小平改革思想就是在对这一形势的准确把握中产生的。这个时候，随着东西方关系逐渐缓和以及战争危险减弱，许多国家都在抢占战略制高点，加快本国经济和科技的发展。邓小平及时洞察到这一变化，提出了和平与发展是当今时代主题的重大论断。1983年3月，邓小平在同几位中央负责同志谈话时指出，"大战打不起来，不要怕，不存在什么冒险的问题"，"我看至少十年打不起来"。邓小平这个论断为我们党作出改革开放决策奠定了重要基础。正如他所说的："一九七八年我们制定一心一意搞建设的方针，就是建立在这样一个判断上的。"

邓小平改革思想就是在这样一个历史反思、实践探索中萌发和产生的，并随着我国改革开放实践的逐步深入而不断发展。回溯和探寻邓小平改革思想发展的脉络和轨迹，其思想的逻辑和历史的逻辑是一致的。邓小平改革思想与我国改革开放实践同步而行，两者相互促进，大致经过了以下几个阶段：1975年全面整顿的酝酿阶段；从党的十一届三中全会到十二大的逐步形成阶段；从党的十二大到十三大的进一步发展阶段；从党的十三大到1992年南方谈话和党的十四大的完善和成熟阶段。党的十四大对邓小平建设有中国特色社会主义理论的主要内容作了科学提炼，党的十五大又作了高度概括，这个理论形成了比较完整的科学体系。而邓小平改革思想也内含其中，成为重要组成部分。

邓小平改革思想内涵丰富、博大精深

邓小平在领导我国改革开放和社会主义现代化建设实践中，集中全党和广大人民群众的智慧，形成了邓小平改革思想。这个思想内涵丰富、博大精深，是从当代中国国情和时代特征出发对马克思列宁主义、毛泽东思想的继承和发展，为马克思主义理论宝库增添了新内容，开拓了马克思主义发展新境界。那么，邓小平改革思想主要有哪些内涵呢？

"改革也是解放生产力"，邓小平深刻阐述了我国改革的目的。邓小平认为，社会主义的优越性归根到底要体现在它的生产力比资本主义发展得更快一些、更高一些。他强调，革命是解放生产力，改革也是解放生产力。"改革的性质同过去的革命一样，也是为了扫除发展社会生产力的障碍，使中国摆脱贫穷落后的状态。"

"改革是社会主义制度的自我完善和发展"，邓小平深刻阐述了我国改革的性质。邓小平认为："改革是社会主义制度的自我完善，在一定的范围内也发生了某种程度的革命性变革。"改革总的目的是要有利于巩固社会主义制度，有利于巩固党的领导，有利于在党的领导和社会主义制度下发展生产力。邓小平强调："在改革中坚持社会主义方向，这是一个很重要的问题。"

"改革是全面的改革"，邓小平深刻阐述了我国改革的内容和范围。邓小平指出："改革是全面的改革，包括经济体制改革、政治体制改革和相应的其他各个领域的改革。"他认为，政治体制改革同经济体制改革应该相互依赖、相互配合。只搞经济体制改革，不搞政治体制改革，经济体制改革也搞不通。

"'四个坚持'是'成套设备'"，邓小平深刻阐述了我国改革的政治保障。邓小平指出，中国要实现四个现代化，必须在思想上政治上坚持四项基本原则，决不允许在这个根本立场上有丝毫动摇。他强调，"四个坚持"和改革开放是相互依存的。"'四个坚持'是'成套设备'"，"如果动摇了这四项基本原则中的任何一项，那就动摇了整个社会主义事业，整个现代化建设事业。"

　　"由共产党领导"，邓小平深刻阐述了我国改革的领导力量。邓小平指出，中国共产党是社会主义现代化事业的领导核心。中国的社会主义现代化建设事业由共产党领导，这个原则是不能动摇的。"如果没有共产党的领导，不搞社会主义，不搞改革开放，就呜呼哀哉了，哪里能有现在的中国？""共产党的领导就是我们的优越性。"

　　"紧紧地依靠群众"，邓小平深刻阐述了我国改革的依靠力量。邓小平指出："群众是我们力量的源泉，群众路线和群众观点是我们的传家宝。"改革开放中许许多多的东西，都是由群众在实践中提出来的，是群众发明的。"党只有紧紧地依靠群众，密切地联系群众，随时听取群众的呼声，了解群众的情绪，代表群众的利益，才能形成强大的力量，顺利地完成自己的各项任务。"

　　"胆子要大，步子要稳"，邓小平深刻阐述了我国改革的方法和步骤。邓小平认为，改革开放要大胆地试、大胆地闯。要善于摸着石头过河，"要总结经验，对的就坚持，不对的赶快改，新问题出来抓紧解决。""要克服一个怕字，要有勇气。"同时他强调，改革涉及人民的切身利益问题，每一步都会影响成亿的人，改革"不能蛮干""要慎重"，要"走一步，看一步"。改革总的方针是胆子要大，步子要稳。

"三个有利于"，邓小平深刻阐述了我国改革的得失成败评价标准。邓小平提出判断改革得失成败的标准，应该主要看是否有利于发展社会主义社会的生产力，是否有利于增强社会主义国家的综合国力，是否有利于提高人民的生活水平。

"对外开放也是改革的内容之一"，邓小平深刻阐述了我国改革与开放的关系。邓小平指出，任何一个国家要发展，孤立起来、闭关自守是不可能的。"改革就是搞活，对内搞活也就是对内开放，实际上都叫开放政策。""对外开放也是改革的内容之一，总的来说，都叫改革。"

邓小平改革思想是由改革的目的、改革的性质、改革的内容和范围、改革的政治保障、改革的领导力量、改革的依靠力量、改革的方法和步骤、改革的得失成败评价标准、改革与开放的关系等构成的完整思想体系，是全面系统的改革观，最终回答了"什么是我国的社会主义改革、怎样进行我国的社会主义改革"等重大理论和实践问题。

邓小平改革思想成功指导了
我国改革开放的伟大实践

邓小平改革思想指导着我国改革开放和社会主义现代化建设事业，并且在实践中取得了巨大成功。改革开放是我们党在新的历史条件下的伟大实践和探索，具有鲜明的中国特色。可以说，如果没有邓小平改革思想，中国人民就不可能有今天的新生活，中国就不可能有今天改革开放的新局面和社会主义现代化的光明前景。

"文化大革命"结束后，我国在前进的道路上面临着向何处去的严峻考验。当时摆在党和人民面前的有三条路：一条是封闭僵化的老路；一条是改旗易帜的邪路；一条是重新开辟和寻找的新路。在这个重大历史关头，邓小平勇敢地面对现实，总结经验，纠正错误，领导我们党从困难中重新奋起，为中国社会主义发展开辟了新路。

党的十一届三中全会确定把党和国家工作的中心转移到经济建设上来，作出实行改革开放的历史性决策，开始形成以邓小平同志为核心的党的第二代中央领导集体。改革开放从这次全会揭开序幕，中国特色社会主义道路以这次全会为起点正式开辟。改革首先从农村开始，亿万农民进行了新的实践。实行家庭联产承包和发展乡镇企业，是中国农民的伟大创造。在农村改革的推动下，城市经济体制改革开始试点和启动。党的十二届三中全会后，经济体制改革的重点由农村转向城市，科技体制和教育体制的改革相继进行，政治体制改革也逐渐提上日程。在全面推进城乡改革的同时，经济特区—沿海开放城市—沿海经济开放区—内地这样一个全方位、多层次、宽领域、有重点、立体式的对外开放格局逐步形成。

党的十三大提出加快和深化改革的任务后，在国际国内形势复杂艰难的情况下，我们党团结和带领全国各族人民，克服种种困难，实现了社会稳定、政治稳定和经济发展。我国经济经历了一个加速发展的飞跃时期，整个国民经济提高到一个新的水平。

20世纪80年代末90年代初，国内政治风波和国际复杂形势又一次使我们党经历了严峻考验。在这个重大历史关头，又是邓小平坚定地坚持以经济建设为中心不动摇，旗帜鲜明地坚持四项基本原则、坚持改革开放，使我们党和国家经受住了险风恶浪的考验，继续沿着中国特色社会主义的正确航向破浪前进。

在邓小平改革思想指引下，改革开放给中国带来翻天覆地的变化。我国经济建设、科技实力、综合国力大幅跃升，经济建设、政治建设、文化建设、社会建设、生态文明建设以及党的建设稳步推进，国际地位日益提升。中国的发展不仅使中国人民大踏步地赶上了时代的潮流，而且为世界经济发展和人类文明进步作出了重大贡献。

我国改革开放的伟大实践雄辩地证明，改革开放是决定当代中国命运的关键抉择，是坚持和发展中国特色社会主义、实现中华民族伟大复兴中国梦的必由之路；只有社会主义才能救中国，只有改革开放才能发展中国、发展社会主义、发展马克思主义。

邓小平改革思想对全面深化改革的现实意义

习近平总书记在党的十八届三中全会上的讲话中指出："面对未来，要破解发展面临的各种难题，化解来自各方面的风险和挑战，更好发挥中国特色社会主义制度优势，推动经济社会持续健康发展，除了深化改革开放，别无他途。"今天，我国全面深化改革所面临的形势和任务，与 20 世纪七八十年代相比已有很大不同，但改革的历史进程是连续的，邓小平改革思想对于当前更加深刻地认识改革的历史必然性，更加自觉地把握改革的规律，更加坚定地肩负起全面深化改革的重大责任，具有重要的现实意义。

改革必须坚持正确的方向，沿着正确的道路前进。我们的改革是有方向、有立场、有原则的。改什么不改什么，我们要心中有数。我们改革的方向就是不断推动社会主义制度的自我完善和发展。世界在发展，社会在进步，不搞改革只能是死路一条。但是，搞否定社会主义的所谓"改革"也是死路一条。我们要毫不动摇地坚持党的基本路线，保持清醒头脑，排除各种干扰，坚持和完善党的领导，坚定不移走中国特色社会主义道路。

改革必须坚持正确的方法论，在不断探索中推进。改革是前无古人的崭新事业。在中国这样一个拥有十几亿人口的国家进行改革，绝非易事。中国是一个大国，决不能在根本性问题上出现颠覆性错误，一旦出现就无法挽回、无法弥补。

中国改革已进入攻坚期和深水区，面临种种躲不开、绕不过的难题。改革一定要坚持正确的方法论，既要解放思想、大胆探索，又要稳妥审慎、三思而后行；既要摸着石头过河，又要加强顶层设计，要注重改革的系统性、整体性、协同性。

改革必须处理好改革发展稳定的关系，坚持在三者的统一中不断前进。改革发展稳定是我国社会主义现代化建设的三个重要支点，也是全局中的三枚关键棋子。改革是经济社会发展的强大动力，发展是解决一切经济社会问题的关键，稳定是改革发展的前提。新形势下，我们要坚持把改革的力度、发展的速度和社会可承受的程度统一起来，把改善人民生活作为正确处理改革发展稳定关系的结合点，在保持社会稳定中推进改革和发展，通过改革和发展促进社会稳定。

改革必须坚持尊重人民的首创精神，坚持在党的领导下进行。我国是社会主义国家，人民是国家的主人，是改革开放的实践主体，是决定我国前途和命运的根本力量。新形势下全面深化改革，要认真贯彻党的群众路线，最大限度地吸纳人民群众广泛参与，保证改革始终有众志成城的民意支撑，始终有破浪前行的民众动力。改革发展稳定任务越繁重，我们越要加强和改善党的领导，善于通过提出和贯彻正确的路线方针政策带领人民前进，善于根据人民的实践创造和发展要求完善政策主张，使改革发展成果更多更公平惠及全体人民，不断为深化改革夯实群众基础。

1985 年 9 月，邓小平在中国共产党全国代表会议上强调："到下世纪中叶，能够接近世界发达国家的水平，那才是大变化。到那时，社会主义中国的分量和作用就不同了，我们就可以对人类有较大的贡献。"现在我们比历史上任何时期都更加接近这个目标，都更加有条件实现这个目标。中国要发展起来、强大起来，要"对人类有较大的贡献"，必须毫不动摇地坚持改革。我们坚信，在以习近平同志为核心的党中央坚强领导下，只要我们按照党中央的战略部署，坚定不移地全面深化改革，我们的目标就一定会实现，邓小平的期盼就一定会成为现实。

（原载《人民日报》2014 年 8 月 19 日）

责任编辑：王世勇

特约编辑：陈　华

图书在版编目（CIP）数据

以全面深化改革推进中国式现代化/曲青山著．—北京：人民出版社，2024.9

ISBN 978-7-01-026831-6

Ⅰ . D61

中国国家版本馆 CIP 数据核字第 2024DB0403 号

以全面深化改革推进中国式现代化
YI QUANMIAN SHENHUA GAIGE TUIJIN ZHONGGUOSHI XIANDAIHUA

曲青山　著

人民出版社 出版发行

（100706　北京市东城区隆福寺街 99 号）

环球东方（北京）印务有限公司印刷　新华书店经销

2024 年 9 月第 1 版　2024 年 9 月北京第 1 次印刷

开本：710 毫米 ×1000 毫米 1/16　印张：15

字数：180 千字

ISBN 978-7-01-026831-6　定价：59. 80 元

邮购地址　100706　北京市东城区隆福寺街 99 号

人民东方图书销售中心　电话（010）65250042　65289539